韓国化する日本、日本化する韓国

浅羽祐樹
Asaba Yuki

講談社

韓国化する日本、日本化する韓国／目次

序章　9

第1章　韓国人の特性を考える　21
「比較政治学」「国際関係論」ってどんな学問？／比べることとの大切さ／「ダメな韓国論」にハマることとの罠／富士山を羨ましがる韓国人／日本サッカーが短期間に伸びた理由／韓国人の人生を決める大学入試／セウォル号沈没事故について思うこと／いびつなシステムのなかの人的怠慢が事故の遠因／韓国大統領が苦慮する行政のコントロール／相手のゲームの「ルール」を理解しよう／日韓に広がる「相互不信」

第2章　落としどころを見失った判決　53
「感情」で動く韓国の司法制度の特殊性／徴用工の損害賠償裁判が問いかけた韓国憲法という問題／韓国人にいまも残っている「不合意」の感情／「合意で

きないことに合意した」高度な政治判断／解決のゴールポストが設定されていない／似たもの同士の誤解が積み重なっている

第3章 竹島問題に有用な視座 75

韓国大統領が竹島に上陸したインパクト／国連海洋法条約が対立のきっかけだった／間違った翻訳でイメージを誘導する／領土問題に対する日韓両政府の姿勢／竹島問題を解いていく「星座」のつくり方

第4章 韓国人の「位相」と、日本がすべきこと 93

韓国に特有の「位相」という考え方／報道の自由と「位相」の相互関係／韓国の学術会議で起きたこと／多様性許容の範囲に差がある／慰安婦問題に表れた日韓の思想の溝／国際基準で見る日本の対処法のまずさ／慰安婦問題について、どう考えるべきか／戦後の平和国家ニッポンを国際社会にアピールする／プライドではなく外交戦略の話である

第5章　韓国は北朝鮮との統一を果たせるか？　131
失態が続く日本の国際的パフォーマンス／プレゼン戦略では韓国に大きく負けている／韓国はイノベーターにはなれない？／韓国の国民生活も年々厳しくなっている／南北統一後に起こりうる新たな国内格差／「統一韓国」に備えよ

第6章　チップをはるところが違う日韓の「ゲーム」　161
アメリカとの同盟が日韓関係を左右する／韓国は「新型大国関係」を望んでいる／自律的外交の余地が狭まってきた／日韓の対立でどこの国が得をしているのか？／日本は本来柔軟に対応できる国である／「ゲーム」で使う言語を変える時期にきている／アメリカにチップをはる日本と「股裂き」状態の韓国

終章　あまねく、通じること　197
日韓双方が利用している情報ソースの違い／日韓ともに根本的な認識の次元で

齟齬が生じている／「反日」は「千年恨」ではなく「変数」／韓国の「用日論」に呼応していく必要性／日韓の連携でお互いに得する面は多い／「あまねく」「つうじる」――不通から「普通」へ／日本と韓国は似た者同士のプレイヤー／お互いに相手の等身大の姿を知らない／まじめなことをゆかいに／2点間の関係の外に点を加えて思考の線を増やす

構成　浅野智哉
ブックデザイン　鈴木成一デザイン室

韓国化する日本、日本化する韓国

序章

韓国がよくわからない。

「終わったはずの慰安婦問題をいつまで蒸し返すのか」

「竹島を不法占拠したのは誰なのか」

「国民感情なんかで国家間の約束を台無しにするのか」

何より、目にあまるのが「反日」の旗をふる朴槿恵《パククネ》大統領。トップ自ら日本に対して反感を隠さないのだから、どうしようもない。

とにかく、マトモじゃない国、それがいまの韓国。「呆韓」。手にある存在。

中国とも見分けがつきにくい。歴史問題で共闘し、日本をしつこく責める。韓国は「日米韓」の枠組みを捨てて、中国に付き従うようになった。

やはり「悪韓」、韓国は悪魔の手先、悪そのものだったのか。

いつの間にか、こうした過激な意見が、日本の世論として広がりつつあります。

韓国の反日運動、竹島や尖閣諸島をめぐる領土問題、慰安婦問題、在日コリアンの人たちに対するヘイトスピーチ……。隣国との関係をめぐって、連日のように新聞やテレビ、インターネットでさまざまなニュースが報じられているのは、誰もが知るところです。

こうした問題について、あなたは、いったいどのように感じているでしょうか？

お友だちのなかには、「韓国はウソばかりついている泥棒国家だ」「中国は日本の領土を狙っている」なんて言う人もいるでしょう。もしかすると、あなた自身がそんなふうに思っているかもしれません。

たしかに韓国も中国も、ここのところ日本に対しておよそ友好的とはいえない態度をとり続けています。日本の政治家のなかにも、両国に対して強い態度に出るべきだと主張する人が増えていますし、自民党の安倍政権になったことで、ますますその傾向は強まっています。

書店に行くと、新刊のコーナーには、『呆韓論』『韓国人による恥韓論』『悪韓論』『愚韓新論』『世界征服を夢見る嫌われ者国家　中国の狂気』『「中国の時代」は終わった』……などというタイトルの本が、所狭しと並んでいます。

いったい、いつからこういう本が市場を形成するに至ったのかも、日韓の比較政治を研究する私にとって、興味深いテーマのひとつです。

それらの本を読むと、なるほど、韓国も中国もずいぶんひどい国だなあ、と思っても不思議ではありません。「日本はこれまでお人好しすぎた。韓国と中国にこれ以上つけこまれてたまるか！」という気分になるのも、わからないではありません。

加えてそういう本はたいてい、「日本人はすごい」「日本人は優秀だ」ということをセットで言っているので、読んでいると自分が褒《ほ》められているような気がして、気分が良くなってきます。

ウケる要因がいくつもそろっているので、「嫌韓」本がベストセラーになるのはわかります。出版不況のなか、良くも悪くも「売れる」コンテンツとなっているので、類似書の刊行はしばらく続くでしょう。

一方で最近では、そうした「嫌韓・反中」の風潮に対する、カウンターの動きも強まっています。

２０１４年５月に河出書房新社の若手社員の人たちが中心となって、「今、この国を考える――『嫌』でもなく『呆』でもなく」と題した選書のフェアを企画しました。

この企画には19人の作家や評論家が協力を表明し、全国で１００以上の書店が名乗りをあげたこともあって、多くのメディアで話題となりました。その輪が広がり、12月には第

2弾『嫌』でもなく『秘』でもない未来をつくる」が行われました。

ＴｗｉｔｔｅｒなどのＳＮＳを見ていても、韓国や中国で何かしら日本のナショナリズムを刺激するようなことが起こると、嫌韓・反中の人たちと、それに反対する人の間で、激しい論争が起こる場面が増えています。

数年前まで、日本の芸能界では「韓流ドラマ」や「Ｋ－ＰＯＰ」が大流行していました。日本と韓国は芸能や文化の分野を筆頭に、とても親しくつきあっていました。サッカーワールドカップで日韓が共同開催して以降、両国の関係は近づいていたのです。

ですが、わずか数年で、時代の空気は一変してしまいました。

「日本は韓国が嫌い。韓国は日本に反対している」という、どちらにとっても困った「常識」が、根づいてしまっています。

このような極端な変化に際して、主に若い人たちが韓国に対してどういうスタンスをとればいいのか、判断するのが難しくなっているのは当然でしょう。

先ほど挙げたような本が売れるのも、「韓国（中国）ってのはこういう国なんだ！」と誰かに言い切ってもらいたいと、多くの人が潜在的に感じているからではないでしょうか。

私は、こういう複雑でわけのわからない状況だからこそ、いったん立ち止まって、クールに「自分の頭で」考えてみる必要があると思っています。

一見するとまったく理解不可能な相手でも、相手の言っていることに耳を傾ければ、必ず相手なりの「ロジック」があります。

どんなに複雑に見えて、利害関係が真っ向から対立する問題でも、お互いの言い分をじっくりと聞けば、必ず「落としどころ」が見つかるものです。

面倒ではあっても、「自分の頭」で考える努力をすること。

身の回りの問題の解決でも、国際紛争の解決でも、大切です。

そうした努力をせずに、「あいつらはバカだから相手にしても仕方がない」なんて態度をとり続け、問題の本質から目をそらしていると、実は向こうのほうがずっと上手《うわて》で、気づいたときには手も足も出なくなっていた、という残念な事態が起こりかねません。

いま私たちが考えるべき問題のひとつに、紛糾している「竹島問題」への対応を、どうするかがあります。

日本の立場では、「竹島は日本固有の領土である」ということが「常識」とされています。国際法的に見ても、日本の主張のほうが「正しい」と信じ込んでいます。そのため日本政府は、国家間の問題を平和的に解決することを目的として設置されている「国際司法裁判所」で、この問題を話し合おうと、韓国政府にずっと呼びかけてきました。

それに対して韓国は、「独島《ドクト》をめぐって韓日間に領土紛争は存在せず、当事者同士の交渉も第三者による裁きも必要がない」という姿勢を公式にとっています。そして警備隊を竹島に常駐させて、支配を続けています。このスタンスは、尖閣諸島に対する日本の立場とまったく同じです。

「領土問題は〝ない〟のだから、交渉する必要がない」という主張を対外的に示すことで、その領土が自国のものであることの正当性をアピールしているわけです。

一方、そうした姿勢をとっているにもかかわらず、韓国政府は竹島問題について高い知識を持った現役の若い判事をスカウトし、万が一の「いざ鎌倉」、すなわち日本と領有権をめぐって全面対決となる事態に備えさせています。

その判事が書いた「オランダのハーグにある国際司法裁判所で、日本と韓国が竹島領有権をめぐって争うことになるシナリオ」の小説『独島イン・ザ・ハーグ』は、韓国内でベストセラーとなっています。

著者は、「自分は韓国の立場より、むしろ日本の立場に立つ。韓国の論理をぶっつぶすことと同時に、国際法廷で戦った経験が豊富な弁護士や学者とネットワーキングするのが自分の仕事だ」と断言しています。

つまり韓国は、表向きの立場とはまったく別に、将来日本と竹島をめぐって国際法廷で争うことになるような、万が一のシナリオにも備えて、有能な人材を政権に「スカウト」しているのです。

スカウトの原義は「斥候」「スパイ」です。いち早く最前線に乗り込んで、戦場や敵の動きをつかむのが使命です。

韓国政府は、「あらかじめ自らの弱点を洗い出すことで徹底して鍛え直し、仲間を増やしておけば、相手とのガチンコ勝負で優位に立てる」と考え、その準備を周到に進めています。

この判事のような役回りをする人物、または視点が、国際交渉の場ではとても重要となってきます。

そのような人物を立てられるかどうか、国際交渉の最前線では試されています。

韓国は、表に見える「反日」の姿勢の裏側で、自らに対する「厳しい声」に耳を傾け、どうすれば国益が最大化するか、クールな計算をしているといえます。

対して、日本はどうでしょうか？

冒頭に挙げた「愚韓」「呆韓」「恥韓」といった本のタイトルに表れていますが、「韓国みたいな呆れた国に、つきあう必要などない」と、思考を停止しています。有能なスカウトを探すどころか、自らを厳しい他者の視線で見直す姿勢を放棄している人が、増えていないでしょうか。

そうした姿勢が、結果的には日本の国益を大いに損ないかねないことを、私は危惧しています。

「いざ鎌倉」で集まった武士たちが、鎌倉に着いてから武器や防具や仲間を集めようとしても、時すでに遅し、ということです。

「孫子の兵法」の時代から、「敵を知り己を知れば百戦殆《あや》うからず」といいます。

勝負に勝ちたいなら、常日頃から相手に関する情報を収集し、相手の立場に立って物事を考えてみることが大切なのです。

2015年のいま、世界はさらに激動の時代を迎えようとしています。

ユーラシアの西ではロシアがクリミアを力で一方的に併合し、アメリカが去った後のイラクでは「イスラム国」を名乗るテロ組織が勢力を拡大し続けています。ユーラシアの東でも北朝鮮の有事が懸念され、中国国内ではウイグル地区の独立運動が活発化しています。ほかにも紛争地帯は、世界各地で無数に存在します。

日本に住む私たちにとって、遠い話ではありません。もしも、北朝鮮の現体制が崩壊したら、影響はすぐ日本にも押し寄せます。

何万人というボートピープルが日本海を渡って新潟などの沿岸にやってくる可能性がありますし、国境を接する中国と韓国、ロシアは難民の流入を防ぐために北朝鮮との国境に軍隊を送ることも予想されます。アメリカもそれに呼応して軍事行動をとるでしょう。

表立って明かされてはいませんが、ユーラシア大陸で何かしらの「有事」が起きたときに備え、中国も韓国もロシアも、着々と準備をしていることは確実です。

「愚韓」「呆韓」「恥韓」を声高に唱え、気分良くなっている場合ではありません。

いまこそ日本は、「いざ」というときのために、自分たちのなかに敵の立場に立って、時には敵を利するような策を練る、老獪《ろうかい》な人材を育てていかないといけません。

ユーラシアをめぐる国際関係は、スポーツに喩《たと》えるならば、同じ野球でリーグ戦からトーナメント戦に変わるのではなく、「野球」そのものが「サッカー」に変わるような、大きな変化の時代を迎えているといえます。

「ゲーム」の「ルール」だけでなく、「ゲーム」そのものが変わるとき、プレイヤーに必要なのは、新しいルールブックとそれに応じた戦い方に、いち早く適応することです。

本書では、そのための戦法として、「相手の動きと性格をつかみ、戦略を立てる斥候《スカウト》」を自らに棲《す》まわせることを提言します。

すぐ隣にいて、お互いに引っ越しもできない、よくわからない相手とどう「外交」するのか。対処法を考えるためには、感情的ではなく、クレバーになる必要があります。次の一手を打つのがうまい相手（敵）が、何を考え、どう行動してくるかを予測するトレーニングを繰り返しましょう。

相手を悪く言うより、交渉で優位性をつかみやすい思考力を培《つちか》うのです。

それは外交や政治といった大きな問題だけでなく、就職活動や仕事での交渉といった、身近な問題への対処まで、さまざまな場面に応用ができると考えます。

国際問題に限らず、人間社会ではなにかの問題が起こったとき、その問題の背景には、必ず事態を引き起こした原因となる事実があります。

その事実を正確に見極め、それぞれの利害がからまった関係者の思惑を見抜くことで、自分と違う国や文化圏で暮らす人々とも、円滑なコミュニケーションをとることができるようになります。

単純に外国語を学んだり、自国の歴史や文化を誇ることの一歩先にある、真にグローバルな視点を持つためにも、必須の考え方となるでしょう。

地球の裏側で1匹の蝶が羽ばたきしたことにより、何千キロも離れた場所でトルネードが起こることを、「バタフライ効果」と呼びます。いまの私たちが住む日本で起こるさまざまな事象も、すべて世界のどこかの「蝶」の羽ばたきが巻き起こしたものといえます。

本書は、「韓国ふざけんな本」を好んで読む若い人たちにこそ、ぜひ手にとってもらいたい一冊です。

先行き不透明な時代を生きる若い人たちが、これからの将来につながる、世界標準の思考法を手に入れる一助となることを、願っています。

第1章　韓国人の特性を考える

「比較政治学」「国際関係論」ってどんな学問?

私は「比較政治学」「国際関係論」という学問を研究しています。専門とするのは「韓国政治」や「日韓関係」です。

2014年4月から、新潟県立大学で教えています。それ以前は本州の西端にある山口県立大学に7年間、勤務していました。

学生の多くは、地元の山口または近隣の県出身でした。首都圏の大学であれば、キャンパスにはたくさんの留学生も当たり前にいるでしょうし、コンビニやファミレスに行けば店員が外国人であることも普通でしょう。

ところが山口県立大学には、留学生が数えるほどしかいませんでした。学生の多くは外国人と触れ合う機会がほとんどありませんから、外国や国際政治のことなんて考えたことがない、という学生ばかりです。

近隣の高校を出て間もない18歳の大学1年生からすれば、「比較政治学って何?」「国際関係論を勉強することでこの私の人生にどんな意味があるの?」というところから授業をスタートする必要があります。

私は彼らのような若い人たちには、「物事は、比べてみて、初めてわかるんだよ」ということをまず伝えたいといつも願っています。

「自分の人生にとって大切なことを、考えて決断し、行動に移すためには、まずその対象を別の何かと比べてみる必要がある」

「そのための素材として、この教室では政治について考えてみます」

そう説明すると、学生たちは、なるほどと頷《うなず》いてくれます。

比べることの大切さ

何かについて考えるときに大切なのは、「比較する」ということです。物事をはっきりさせるためには、何かと比べることが、肝要です。

例えば自分の背が高いのか、低いのか。これもほかの誰かと比べてみて、初めてわかることです。そしてちゃんと調べるためには、できるだけたくさんの人と背を比べる必要があります。180センチの男性が、190センチの別の男性と比べて背が低いからといって、世間一般でも背が低いということにはなりません。

比べる対象が適切か、という問題もあります。例えばオランダ人と日本人、男性と女性は、それぞれ平均身長が10センチも違います。また江戸時代の日本人と、現代の栄養豊富な食生活を送っている日本人では、現代人のほうがずっと発育が良いといわれています。平均身長を考える上でも、いつの時代のどういった集団を相手にとられた統計なのかが問題になります。

「比べることが大切」といっても、「何と何を比べるのか」をちゃんと考えないといけない、ということです。

しかし高校生や大学生になったばかりの若者は、この比較による事実の確定をすっ飛ばして、いきなり「なぜ?」を考えがちです。

「政治」のような複雑でとらえがたい、大きな物事を考えるときでも同じといえます。

2015年現在、「安倍晋三首相のリーダーシップが強い」と新聞に書いてあったとしましょう。しかしいったい何をもって「強い」といえるのかは、何かほかのものと比較しないとわかりません。第1次安倍内閣（2006〜07年）のときに比べて強いのか、その後の民主党政権期に比べて強いのか、あるいは韓国の朴槿恵《パククネ》大統領に比べて強いのか。同じ第2次安倍内閣（2012年12月〜14年12月）でも、参議院選挙（2013年7月）で

「衆参ねじれ」が解消された前後で、強さは変化しているかもしれません。

ほかのものと比較しないと、「それが何なのか」という事実を確定できませんし、事実の確定をしなければ「なぜそうなのか」「何が原因でそういう結果になったのか」という因果関係も明らかにできません。

国際問題のような複雑な事柄についてはいっそう、こうした比較のプロセスが必要です。

まとめますと、

1. 物事を考えるためには、まず事実を確定するための比較をする。
2. 比較をする対象を正しく選び、「単位」をそろえる。
3. 事実が確定したら、「なぜそうなったのか?」という因果関係を明らかにする。

この3つの段階が、全体像を把握するためには必須なのです。

「ダメな韓国論」にハマることの罠

この考え方を「日韓関係」について応用してみましょう。

国家間の交渉というのは、大学の合格／不合格のようにある時点で簡潔な結論が出るものではありません。しかし竹島問題のように、多くの日本人にとって韓国との間の関心事は「勝ち／負け」で判断されるような交渉事になっています。

それはそれで重大な問題なのですが、ひとまず論を進めていくために、わかりやすく単純化します。

次の4つに、韓国と交渉する際のシナリオは分けられるでしょう。

A．韓国は賢い国であると考えて、交渉に勝つ
B．韓国はダメな国であると考えて、交渉に勝つ
C．韓国は賢い国であると考えて、交渉に負ける
D．韓国はダメな国であると考えて、交渉に負ける

このように分類すると、書店に並ぶ、売れている韓国本のほとんどは、Bのシナリオを想定していることがわかります。

元時事通信社ソウル特派員の室谷克実氏が書いた『悪韓論』は、「韓国人の言葉で韓国のダメなところを語らせる」という内容でベストセラーになっています。しかしこの作品は「韓国が賢い可能性」と、「韓国との国家間競争で日本が負ける可能性」を、意図的に無視しています。

「ダメな韓国」という意見ばかりを好んで取り入れるのは、一時のカタルシスになるかもしれませんが、そういう人が集まってする議論は、「自分たちに都合のよい議論」になり

がちです。相手が自分たちより賢かった場合、身ぐるみ剝《は》がれて、大恥をかかされることになります。

ネットでは、アイコンに日の丸や旭日旗をつけた人たちが、お互いにフォローしあってこうした「ダメな韓国論」に溺れている姿をたやすく見つけることができます。しかしそうして仲間同士で「あいつらはほんと馬鹿だよね～」と嘲笑《あざわら》っているうちにも、先方の「賢い人」たちは着々と日本に「勝つ」ためのシナリオを丹念に練り、実行に移しているのです。

ネットの世界ならまだしも、リアルな世界で「ダメな韓国論」に浸りきっているのは、由々しきことです。油断していると、国全体が足元をすくわれます。

実際、経済界では、かつて日本の家電メーカーからすれば「格下」だった韓国のサムスンやLGが、日本のエンジニアを引き抜いて飛躍的に成長し、日本企業を追い抜いています。

国際社会は、さまざまな思惑や企てが複雑にからみあい、成り立っています。先のBというシナリオが日本にとってベストだとしても、結果的にA、C、Dになってしまう場合も当然あります。特に相手をナメきっていたDはイタすぎます。

Bのシナリオを望むならば、なおさらそれ以外の可能性についても、あらかじめしっかり理解しておかなくてはいけません。ほかのシナリオとの比較検証をしないままだと、結果的に付け入るスキを相手に与えてしまい、本当に大切なものを守りきれなくなってしまいます。

日本では大きな書店に行くと、新刊コーナーの、政治に関する本が並んでいるあたりには、山のように嫌韓・反中の関連本が並んでいます。娯楽として読むのはかまわないのかもしれませんが、はたしてグローバル人材としての戦略的思考を培うための教養書として読む価値があるのか。私は疑問を抱かざるをえません。

富士山を羨ましがる韓国人

「比較」の思考法を応用して、いまの韓国の国内事情を考察してみましょう。

富士山を例にとって進めていきます。

日本人にとって、富士山という山は特別な存在です。日本人の誰もがその名を聞けば、雪化粧した美しい山並みを心に思い描くことができるでしょう。

平野にひとつ、高くそびえ立つ富士の頂《いただき》を仰ぎ見ると、自然と畏敬の念が湧き上がってきます。万葉の昔から数々の歌に詠まれ、江戸時代にはいく人もの浮世絵師が富士山の姿を描いてきたのも、それだけ富士山の姿が日本人の心をとらえてきたからです。

２０１３年6月には、ユネスコの世界文化遺産に登録されました。それ以降、日本人はもちろん海外からの観光客も増加の一途をたどっています。

なかでも韓国人が増えました。

富士山静岡空港へは、韓国の仁川《インチョン》国際空港から直行便が週に5便運航しています。「日本の名だたる富士山を一目見たい」という韓国人たちはとても多く、成田や羽田ではなく、この空港との直行便に乗って日本にやってきます。韓国の旅行会社では、富士山観光とあわせて箱根や鎌倉を周遊するプランが人気商品となっていて、静岡県もソウルに観光事務所を設置して、さらなる観光客の誘致に努めています。

韓国では趣味で登山を楽しむ人がとても多い。内陸のソウルは１０００メートル級の山々に囲まれた都市なので、登山は日本以上に健康的なスポーツとして親しまれています。

日本の政治家や財界人がゴルフを楽しむように、韓国の政治家は山岳同好会を作って山を登りながら派閥の仲間と政治談議をすることが珍しくありません。登山中はマスコミや周囲の目を気にすることなく、思う存分密談できるから、というのも理由でしょう。

韓国人の多くは富士山を見て「このような山は韓国にはない」と、羨《うらや》ましがります。

ソウルにある北漢山《ブッカンサン》は、頂上から市内を一望できますが、岩山で傾斜が急なため、富士山のようななだらかな稜線を持ちあわせていません。

韓国随一の観光地である済州《チェジュ》島《ド》の真ん中にある漢拏山《ハルラサン》は、標高1950メートルと国内最高峰ですが、島全体が火山島であり、その四方は海までのっぺりと広がっていて、これまた富士山のようなすそ野の美しさがあるとはいえない山です。

韓国の人たちは富士山に、観光名所以上の「憧憬」を持っているのかもしれません。実際「日本には富士山みたいな山があって羨ましい」という韓国の知人も、少なくありません。

日本サッカーが短期間に伸びた理由

私は、彼らが「すそ野の広い」富士山の姿を羨ましく思うということに、韓国の現代社会のあり方がよく表れていると考えます。

まず日韓どちらでも国民的な人気スポーツである、サッカーを思い浮かべました。双方の頂上対決である代表戦では、日韓の実力は現時点で、ほぼ互角でしょう。

ワールドカップの順位で言えば韓国は最高がベスト4、日本はベスト16ですが、アジアカップでは15回大会までで、1992年からの6大会中4大会で日本が優勝、韓国は2度の3位となっています。

日本と韓国のA代表によるサッカー対決が始まったのは1952年のこと。そのとき韓国の代表選手は当時の李承晩《イスンマン》大統領から、「負けたら玄界灘に身を投げろ」と厳しく檄を飛ばされたといいます。その結果、初戦は韓国が5対1で日本に大勝。それから2013年までに行われた73回の代表戦では、日本が13勝、38敗、22引き分けと大きく負け越し、韓国サッカーの後塵《こうじん》を拝する日々が続きました。

ところが、1993年にJリーグが発足してから、その差が急速に縮まっていることがわかります。93年からの20年間に行われた23戦では、ともに7勝、9引き分けで互いに一歩も引かず、A代表の下のU23代表戦も、14戦で日本の4勝6敗4引き分けと実力が伯仲するようになっています。

両国のサッカー環境は、どちらにもプロリーグがあり、それぞれJ1・J2・J3・JFL、Kリーグクラシック・Kリーグというように、頂上を目指してクラブチームが競うピラミッド型の構造になっています。その競争の結果、毎年、昇格や降格が繰り返されることで、チームの新陳代謝が促されます。勝ち残ったチームのほうも油断できず、常に実力を磨き続けることが求められているわけです。

一方で、「すそ野」の育成については、日韓では大きな違いがあります。

Ｊリーグでは、地域に密着したチームづくりが強調され、各チームにプロの下にユース・ジュニアユース・ジュニアという年齢層別のチームを作り、次世代の選手を育成することが義務となっています。若い優秀な選手を草の根のクラブが育成することは、４年後、８年後、12年後の日本代表を育てることに直結します。それは同時に、選手の親や地元サポーターとの連携を強化し、日本にサッカー文化を根付かせることにもなったわけです。実際、日本代表の監督であった岡田武史氏は、日本サッカーの短期間での躍進について「日本の強みはグラスルーツ（草の根）のレベルで、自分の週末を投げうって子どもたちを指導してきた、ボランティアの人々がたくさんいることです。休日を返上して部活を指導してきた学校の先生がいたことです」とラジオ番組に出演された際、述べています。岡田氏の語るように、「レンガというのは真上に積んでいったら倒れる。高くなってきたら横に広げるように積んでいく」ということを実践しているといえます。

これに対してＫリーグは、地域よりもスポンサー名のほうが優先されています。地元との連携が強くない。しかも各チームともユースクラブのような次世代の育成体制が整っていないため、才能があっても、なかなか伸びません。プロを目指すとすれば、ほかのすべての可能性を捨てて、しゃにむに努力せざるをえない状況となっています。

私の知人にも、韓国のＵ23代表の選考に漏れて来日し、ＪＦＬにも入っていない地域リーグのチームに入団して、選手生命を必死でつないでいる青年がいます。日本であればサッカー選手としては一流になれなかったとしても、地元チームのコーチなど指導者として生きる道がありますが、韓国サッカーにはそうした「すそ野」がほとんどありません。

こうした違いがあるため、日韓の人口差を勘案しても、韓国のほうが、年齢が下がれば下がるほどサッカーの実力が落ちます。

おそらくいま、普通の中学生や小学生同士がサッカーで対戦すれば、日本側が圧勝するでしょう。

韓国人の人生を決める大学入試

「すそ野」が存在しないのは、サッカーだけではありません。日本と比べて、泳げない人も韓国人のほうが圧倒的に多いのです。

韓国の小中学校にプールが標準的に整備され始めたのはごく最近のこと。もともと大学入試に直結しない体育の授業は、高校に進む前から、まったく重視されていません。

こうした韓国の子どもに対する教育姿勢は、体育だけでなく、音楽や絵画といった芸術分野でも共通しています。

韓国では、ヴィヴァルディ作曲の「四季」を聞いたことがないという子どもが珍しくありません。日本では当たり前のことのように、裕福か貧乏かにかかわらず、どの家の子どもも1回は学校で教わりますが、韓国の教育にはないのです。その分、生まれ育った家庭の「文化的資本」の差が一度も均《なら》されることなく、いつまでもそのまま残るわけです。

代わりに韓国の人々が、そのすべてのエネルギーを注ぐのが、大学受験です。

本人にとっても親にとっても、毎年11月に実施される「大学修学能力試験（日本のセンター試験に相当）」は、その後の人生のすべてをほぼ決めるぐらいの重みを持っています。

若者の大学進学率はゆうに70パーセントを超えます。学歴が非常に重視される韓国社会では、どの大学を卒業したかによって、就職先や年収、さらには結婚相手の社会階層や、子どもを持てるかどうかも決まってしまいます。

韓国の高校生はそのため、「ソウル（Seoul）、高麗《コリョ》（Korea）、延世《ヨンセ》（Yonsei）」を頂点とする大学受験に、全身全霊をかけて挑むことになります。

この3つの大学は頭文字をとって、SKY大学と呼ばれています。空高くそびえるSKY大学の眼下には、2番手である首都圏大学、さらにその下には、韓国第2の都市である釜山《プサン》にある国立の釜山大などの地方大学があり、成績順に入学する学校が決まっていきます。韓国社会で生きていく限り、この大学ヒエラルキーから逃れて社会の上層に行くことは、プロスポーツや芸能の世界で突出した人間にならない限り、きわめて困難です。

そのため韓国の学生は、幼いときから受験科目の勉強だけに、自分の持つ時間と努力のすべてを投入します。その結果、受験対策は前倒しになる一方です。韓国では小学生が英語を学ぶために、親の収入・財産に応じて、カナダ、マレーシアやフィリピン、韓国内の坡州《パジュ》などで実施されている英語キャンプに早期留学することも珍しくありません。

そうした子どもたちにとっては、体育のサッカーや水泳などは、ただ単に無駄です。将来、海外のサッカーチームで活躍する朴智星《パクチソン》のようなプロを目指す、ごく一部の例外的に才能がある場合を除いては、将来につながる確率がいちばん高い勉強に「人生の掛け金」すべてをかけます。

それが、韓国人にとって合理的な「投資判断」なのです。

「1位」「トップ」になれる可能性が高いものに、チップをかける。10年ほど前に「オールイン」という韓流ドラマがありましたが、まさに「すべてを投げうつ」のです。これは韓国社会のあらゆるところに見られる光景です。

企業でいえばサムスン、スポーツでいえばフィギュアスケートの金妍兒《キムヨナ》に対して、韓国人は国を挙げて全面的にバックアップしてきました。その結果、たしかにサムスンは世界屈指のIT企業となり、金妍兒はバンクーバー五輪で金メダル、ソチ五輪で銀メダルを獲得するという栄光を手に入れています。

ところがその半面、「2位」以下の存在には「投資」がまったくといっていいほど行われません。多くの分野で、厚みというものがないのです。

日本の場合は、全企業の99パーセントを中小企業が占めており、雇用の70パーセント、日本全体のGDPの60パーセントを生み出しています。衰えたとはいえ、まだまだ世界有数の経済大国である日本は、中小企業の存在によって支えられているといっていいでしょう。

それに対して韓国経済は、サムスン、LG、現代などの財閥系企業が圧倒的な力を持っていますが、それ以外の「中小」は「零細」な企業ばかり。社会をガッチリと支える中堅企業は、あまり見当たりません。国からの支援も不十分。300万社あるといわれる国内の会社の売上高データを、韓国の中小企業庁は保有していないのです。

富士山のような広いすそ野で、社会を支えているのが日本。一方ですそ野を持たず、一点集中的に「勝てる」分野に投資を注ぐのが、韓国です。

どちらがいいかは、判断しません。この両者の違いは、後の章で述べる、国際的戦略の場面での明暗につながってくるものだと思います。

セウォル号沈没事故について思うこと

韓国を理解するための事例として、２０１４年に起きたセウォル号沈没事故について取り上げたいと思います。

事故の概要を簡単に説明します。２０１４年4月16日、ソウル近郊にある仁川港から済州島へ向かっていた、清海鎮《チョンヘジン》海運所有の大型旅客船「セウォル（ＳＥＷＯＬ）」が、全羅南道の珍島沖の海上で転覆し、沈没しました。セウォル号には、修学旅行中の安山《アンサン》市の檀《タン》園《ウォン》高等学校2年生３２５人と引率教員14人のほか、一般客１０８人、乗務員29人の計４７６人が乗船していました。現場周辺には目立った暗礁はなく、航行の安全に影響するような自然条件はありませんでした。転覆の原因は、荷物の過積載とされています。

この事故では高校生を含めた２９５人が犠牲となりました。韓国史上では１９９３年10月に２９２人の死者を出した黄海でのフェリー沈没事故を上回る大惨事です。

船長をはじめ船員が避難指示を出さずにいち早く逃げ出し、朴大統領自らが「殺人だ」と断言するコメントを出すなど、異例の事態となりました。関係者たちの裁判は係争中で、９人がいまだ行方不明のままです。事件の全容が明かされるのは、まだ先になると思われます。

セウォル号沈没事故については、いまもネットで多くの情報が更新されています。そのなかで、韓国について最近よく使われる言葉をたびたび目にしました。

「ＯＩＮＫ（オインク）」という単語です。「Ｏｎｌｙ ｉｎ Ｋｏｒｅａ」の略で、「韓国でしかありえない」という意味で、『悪韓論』の室谷さんが広めた言葉のようです。

ＯＩＮＫは、セウォル号沈没事故とその後の韓国政府の対応のような、お粗末な事故は韓国でしか起こらない、ということを象徴的に表した言葉です。

室谷氏の著書『ディス・イズ・コリア』（これが韓国だ）でもセウォル号のことが取り上げられています。パンツ一丁で乗客を置いて逃げた船長の李俊錫《イジュンソク》や、全員起訴された船員、変死体で見つかった船のオーナーで富豪であり新興宗教の教祖であった兪炳彦《ユビョンオン》会長、清海鎮海運などについて、「こいつらが悪いのであんな事故が起きたのだ」とやり玉にあげています。そして事故の背景には、韓国特有の「ケンチャナヨ精神」（「細かいことは気にすんなよ」という意味）があると結論づけています。

韓国では、何でも「パルリパルリ（速く速く）」と急いで結果さえ出せばよくて、途中の面倒な事前準備や、手間がかかる安全面への注意をすっ飛ばす傾向がある、と論じています。つまり韓国の精神と文化を、この事故発生の原因と断じています。

もっとはっきりと「韓国の民度が低いから」「国民が成熟していないから」と言う人も

います。韓国人自身、セウォル号の事故からわずか3日後、中央日報は社説のなかで、「われわれは、三流国家だった」とこれまでの自らのあり方について深く反省しています。

私としては、ケンチャナヨ精神とか国民の民度を、あれほどの悲惨な事故と結びつけるのは短絡的すぎると考えていますし、むしろそうした見方が受け入れられていることの意味を考えたいと思っています。

私たちは、冷静にならないといけません。

重大な社会現象の原因を、国民のイメージ論に落としこむのは危険です。

この問題は、あまりにも多くの要因がからんでいます。感情的な見方から少し離れて、政治学の観点からとらえ直してみましょう。

いびつなシステムのなかの人的怠慢が事故の遠因

あらためて政治の仕組みの大前提を確認します。日本は議院内閣制の国であり、韓国は大統領制の国である、という大きな違いがあります。

この2つの制度では、「三権分立」についての基本的な考え方が違います。「三権」というのは、「立法権」（＝議会が担当）「行政権」（＝内閣が担当、そのトップが首相や大統領）「司法権」（裁判所が担当）の3つの権力のことです。

「議院内閣制」の場合、「立法権と行政権が融合している」といわれます。内閣は議会の信任に基づいて成り立ち、議会に対して連帯して責任を負うという制度です。先進国の中では、イギリスや日本などがこの制度を採用しています。日本の場合、首相（総理大臣）は内閣のトップであると同時に議会のメンバーでもあるのです。

一方、「大統領制」では立法権と行政権が完全に独立しています。アメリカ合衆国が、大統領制の代表的な国です。アメリカの場合は、行政の首長としての大統領が絶大な権限を持ちます。国民に直接選ばれた大統領が、議会や裁判所と互いに牽制しながらも、身分は独立しているのが特徴です。またアメリカ大統領は議会に議席を持っていません。議会から不信任され解任されることもありませんが、逆に議会を解散することもできません。法案を提出することはできませんが、気に入らなければ拒否することができます。

首相が議会のメンバーでもある議院内閣制と、政治リーダーが議会から独立している大統領制では、言うまでもなく政治のメカニズムがまったく違います。その点も、日韓関係を考える上では踏まえておかなくてはいけません。

何をもって民主主義とするか、というのは意見の分かれるところですが、韓国の場合は、大統領を自分たちの手で直接選ぶことができるようにすることが、「民主化」の最大の目的であり、焦点でした。

韓国はもともと1962年にできた憲法で大統領直接選挙の制度を定めていたのですが、いまの朴槿恵大統領の父である朴正熙《パクチョンヒ》大統領が、在任中の1972年にその制度を廃止しました。その「大統領直接選挙制」を復活させることこそが、韓国国民にとっての「民主化」だったのです。

韓国国民にとって大統領制とは、「自分たちが血を流した民主化運動の結果、手に入れた制度だ」という意識が非常に強いわけです。

そのため大統領に対しても、「直接モノを言ってやろう。不平不満がたまれば、いつでも首をすげ替えてやるぞ」という思いが強い。逆に言うならそれほどのプレッシャーのなかで選ばれた大統領とその政権には、絶大な権力が集中するということです。

セウォル号の船会社は、業界団体に加盟していました。その業界団体は行政官庁から規制を受ける立場です。ところが規制を受けるはずの業界団体に、官庁を退職した幹部が、理事などの幹部として天下っていました。

ちなみに韓国は日本よりも官僚の「上がり」が早いことで有名です。

各省庁の次官は50歳ぐらいで決まります。そうなると、それ以上の出世は見込めないため、選ばれた次官以外の同期は全員その時点で辞めることになります。50歳で官僚人生はだいたい終わりというわけです。つまり韓国では、義務である軍隊の徴兵期間を終えた27

〜28歳の若者は官庁に就職しても、20年ちょっとの期間しか働けない。だから早いうちから業界団体に天下りのルートを確保しておくのが当たり前になってしまっているのです。

ちなみに、教員免許をとり、夫婦で60歳の定年まで勤め上げることができる学校の先生になるのが、最もワリのいいキャリアだといわれています。

業界団体の立場からすれば、監督官庁の元幹部を受け入れることで、陰に陽にさまざまな恩恵にあずかることができる、という皮算用があります。

業界団体だけでなく、最近では、定年まで保障されている裁判官さえも、後々ロー・ファーム（大型の弁護士事務所）に移って「宮仕え」で損した分を取りもどすために便宜を図ることもあると噂されています。

規制しなければならない側の官庁と、規制される側の団体が、人的な受け入れやさまざまな思惑によって、持ちつ持たれつの関係、部署によってはどうしようもなくズブズブになっているのが実情です。

「将来自分がこの団体に天下ったときのことを考えると、いま手厳しいことはしないほうがメリットがあるだろう」と考えれば、チェックが緩くなります。本来規制する側が規制される側に逆に取り込まれてしまうことを「規制の罠」と呼びますが、韓国の官庁はまさに、この罠に陥っていたのです。

セウォル号はもともと、夕方の6時に出港の予定でしたが、「霧が濃いため出発を延ばす」という理由で、夜の9時に港を出ました。その3時間でも、ぎりぎりまで荷物を積みこんでいました。船会社は荷物や乗客を載せれば載せるほど儲かります。安全というまったく別の観点から規制する必要があるのに、そうはなっていなかった。船長や船会社のオーナーの良識にはハナから期待しない仕組みをとらねばならなかったのに、肝要な安全チェックのシステムが、規制をかける側も受ける側もナアナアになってしまっていたのです。

さらに仁川港に設置されていたカメラの記録では、最後の貨物を積み終えた時間は8時59分であることが判明しています。船の積み荷は、しっかり固定することが定められていますが、載せて1分ほどで出港したということです。積み荷は間違いなく固定されていなかったでしょう。

セウォル号は沈没する前に、大きく傾いて横倒しになりました。あの海域に差しかかる前に、そもそも港を出たときから過積載だった荷物が崩れて、船のバランスがとれなくなったからです。

監督官庁が港湾当局に対して、積み荷の重量を監査し、船への固定を厳しく指導していれば、事故は事前に防ぐことができたはずです。

過積載を見逃して出港させた港湾当局には、事故後の救出に失敗した海洋警察よりも、ずっと大きな責任があるといえるでしょう。救助に失敗したことを謝罪する以前に、船の安全規制をきちんと運用していなかったことを謝罪すべきです。港湾当局のずさんなチェック体制が、あの事故を起こした根本的な原因だといえます。

そして港湾当局に甘く接してきた、監督官庁にも当然責任があります。

朴槿恵大統領は、セウォル号に乗っていた高校生たちの命を救えなかったことについて、「海洋警察が救助に失敗したことをお詫びする」と国民に涙を流して謝罪しました。しかし実は事故が起きて、海洋警察が出動するずっと以前の段階に、より大きな問題があったわけです。

にもかかわらず、こうした規制の不備よりも、パンツ一丁で逃げ出した船長のほうが「絵」になりますし、インパクトがあります。人々の耳目はそちらに集中します。

政府もメディアもこういう国民全体の怒りをかきたてる事件が起きた際には、生贄《いけにえ》となる「悪者」を作り出して、そちらに怒りの矛先を向けさせるようにします。それがあの船長と、変死体で見つかった船会社のオーナーです。

悪者に世間の耳目をフォーカスさせることで、韓国政府は、うまく自分たちの責任逃れをしたという構図が見てとれます。

つまり根本的な原因を明らかにし再発の防止に努めるシステムが、韓国では脆弱であるという事実がうかがえます。

韓国大統領が苦慮する行政のコントロール

私たち日本人も、韓国を指さして非難ばかりできません。つい最近、同じようなことが日本でもありました。

東日本大震災による津波で全電源を喪失し、原子炉のコントロールができなくなって爆発事故を起こした東京電力福島第一原発の事故は、セウォル号の事故の構図と似ていないでしょうか。

あの震災を受けて、はっきりしました。官庁と産業界が癒着したことにより、あらゆる規制が骨抜きにされていた。その結果、国民に甚大な損失をもたらす結果になってしまいました。

監督官庁が、いかに適切に規制をするか。その網の目をくぐり抜けようとする業界団体をどうチェックし、不正があれば処罰するかを問わないといけない。そもそも「規制をくぐり抜けたほうが得をする」というインセンティブをなくす方策がとれないか。こうした点について、しっかり考えていくべきでしょう。

それでは韓国では、なぜ最高権力機関である大統領と国会は、行政機関を通じて業界団体のコントロールができなかったのでしょうか。韓国の大統領は「強い」と思われていますので、一見すると不思議です。

ですが韓国の大統領は、権力が集中している一方で、実際には行政機関のコントロールに四苦八苦しています。

韓国は日本と違い、大統領が代わるたびに、行政改革が行われて省庁再編がなされてきました。朴大統領も、「国民の安全がなによりも大事だ」というメッセージを打ち出すために、前政権のときに「行政安全省」という名前がつけられていた官庁を、「安全行政省」という名前に変えました。

また金大中《キムデジュン》・盧武鉉《ノムヒョン》政権のときにあって、李明博《イミョンバク》政権が廃止した海洋水産省も、朴政権で復活しました。それくらい「海」を重視しようとしていたわけです。ちなみに、沈没していく船の周辺までは駆けつけたものの、誰一人として潜入して救助しようとしなかった海洋警察はその傘下にある組織です。

基本的には大統領の思惑どおりに、官公庁のスクラップ&ビルドが行われますので、大統領が代わるたびに、ころころ変わってしまいます。省庁再編はしやすくても、制度としての持続性が根本的になく、行政に一貫性を保ちにくいのです。

さらに大統領の任期は憲法で5年1期と定められていて、その任期が延長されることはありません。そうなると官僚がひとりの大統領に忠誠を誓っても、5年経ったら必ず別の人が大統領になります。大統領就任直後の国民の支持率が高いときであれば、大統領の意向に従っていたほうが得をするでしょうが、任期が残り少なくなっている時期に、国民からの支持率が下がっている大統領に従っていると、次の大統領ににらまれる可能性が出てくるわけです。すると支持率が落ち残りの任期が少なくなった大統領に対しては、官僚はつかず離れずの微妙な距離をとるようになります。

結果的に、行政改革をやるたびに毎回、失敗するということになります。

今回の朴大統領が手をつけた安全行政省と海洋水産省による規制も、海洋警察庁による救助も、ことごとく失敗しています。その背景には、こういった韓国の大統領制に特有の構造が関係しています。「朴槿恵が無能だったから」「海洋警察が無能だったから」という属人的な要素に落としこんでしまうと、本質的な問題は見えないし、いつまでも解けないままです。

相手のゲームの「ルール」を理解しよう

セウォル号の事例をきっかけに、私はどうしても伝えたいことがあります。

個性や国民性など、属人的な特徴で相手国を理解したつもりになるのではなく、相手の国でプレイされている「ゲーム」の「ルール」を知ろうとすることが、とても重要であるということです。これは先に述べた「比較」の思考術につながります。

日本では高校野球の実況で、セカンドへのボテボテのゴロを打ったバッターが、一塁にヘッドスライディングするのを見て、解説者が「高校生らしいハッスルプレイですね」とコメントします。プロ野球の選手は、そんなゴロを打ったとき、どう考えてもアウトになるのにヘッドスライディングなんてしません。解説者としては、「高校生はプロ野球選手に比べてプレイにひたむきだ」と言いたいのでしょう。

しかしヘッドスライディングに挑むか、避けるかは、高校生らしさやプロ野球選手らしさの問題というより、高校野球がトーナメント戦で、プロ野球が総当たりのリーグ戦であることとの結果です。

高校野球の甲子園大会は1回でも負けたらそこでチームの敗退が決まります。敗者復活はありません。全選手が1回ごとの試合に全力投球するのが当然です。ボテボテのゴロでも、もしかすると送球を相手がミスするかもしれない。あるいはファーストがエラーするかもしれない。その一縷《いちる》の望みがあるのであれば、ヘッドスライディングしたほうが、チャンスが出てきます。

しかしプロ野球の場合は、半年間かけて143試合（セパ交流戦を含む）を戦い、その勝率を競うリーグ戦です。トータルで見てどれだけ勝てるかが大切。そこでプレイする選手にとって重要なのは、怪我をせずに、なるべく多くの試合に出場して、結果を残すことになります。まず間に合わないのに、怪我するかもしれない一塁へのヘッドスライディングを試みるのはリスクが大きく、避けるのは当然です。

実際プロ野球でも1試合の重みが大きく、トーナメント戦に近いクライマックスシリーズや日本シリーズの試合になると、一塁にヘッドスライディングする選手の姿を見ることがあります。

一塁にヘッドスライディングするというプレイは、「高校生だから」といった選手の属性のためではなく、トーナメント戦かリーグ戦かという、ゲームのルールの違いによってプレイの仕方を戦略的に選んでいるのだといえます。

このようなアングルのずれは、他国の姿を観察するときにも起こります。

例えば韓国が理解できない行動をとったとき、「やっぱり韓国人らしいなあ」「すぐに韓国は感情的になるからな」ととらえがちですが、それは相手のゲームのルールを知らないために起きる誤解かもしれません。自分も同じゲームをプレイすることになれば、同じような行動をとることが、合理的かもしれない。そういう想像力を持つことが、相手を知る上では大切なのです。

自分たちには理解できない行動や、決してしない行動を相手がとったとき、ただ単に「プレイヤー」の属性の違いとして切り捨てるのではなく、相手国と自分たちの国が演じているゲームの「ルール」による「戦い方」の違いとして受け止めれば、理解はぐっと深まります。

相手のルールブックを知ると、相手のとる行動のパターンが見えてきます。そうすると事前にどういう行動をとってくるか予測したり、あらかじめ適切な対応をとっておくことも容易になります。と同時に、何の「ゲーム」を戦っているのかをまず確かめることによって、自分たちが普段は無意識に従っている「ルール」の意味も、浮かび上がってくるのではないかと考えています。

日韓に広がる「相互不信」

現在の日韓関係を一言で言い表せば、「相互不信」という言葉に集約されるでしょう。互いに相手のことが信じられない。両者ともにこの状態を「よくない」と思っている。しかし「相手が先に裏切ったのだから、この状況を変えるためのきっかけは相手が先につくるべきだ」と互いに思っています。

両者が様子見を続けているので、膠着《こうちゃく》した現状がなかなか好転しない状態が続いているといえます。

このような状態を、ゲーム理論では「ナッシュ均衡」と呼びます。ゲームのプレイヤー全員が、その時点で最適と思われる戦略をとっていることから、戦略を変更するインセンティブが働かず、とても強固に安定的な状態となっていることを指します。


日本側の韓国に対する不信の現状について、世論調査の結果から見ていきましょう。

日本政府は毎年、国民に対してさまざまな国に対して「親しみを感じるか／感じないか」を調査しています。２０１２年は前の年と比べて、韓国に対する親近感が20ポイント以上も落ちました。こんなにも落ちたのは初めてのことです。

興味深いのは、「日韓関係は良好でない」という評価はそれ以上に変わり、その幅は40ポイント以上でした。たしかに親近感と国家間関係に対する評価は連動しているのですが、個人的な思いのほうがまだ踏みとどまっているのは興味深い。「自分としては、まだ韓国のことを嫌ってはいないけれど、国同士の関係は悪くなったとしかいえない」という人が一定数いるということです。正直、私もそうした一人です。

少しさかのぼり、2005年時点での同じ世論調査の結果を見てみましょう。

当時、韓国は盧武鉉大統領の政権でした。島根県の「竹島の日」条例が制定されたのがこの年で、盧大統領は「竹島については外交戦争も辞さない」という非常に強硬な姿勢を打ち出しました。日本でも韓流ブームの一方で嫌韓の兆しが出始めていた時期ですが、このときは前年比で両国間の親近感はわずかに6ポイント、2国間関係についても16ポイントの減少にとどまっています。

当時もこの数字の変化が大きく取り上げられましたが、2012年の調査結果に比べれば大したことがなく、その後持ち直しました。それよりも、2012年以降悪化したままですので、ここ2〜3年の日韓関係の状況は、かつてないほど深刻なものだといえます。

2012年に日韓関係が悪くなった直接的な原因としては、この年の8月10日に李明博大統領が突然竹島に上陸したことが挙げられるでしょう。

それ以後、韓国の対日姿勢について否定的な報道が急増したことが、国民感情に大きな影響を与えたことは確かです。

2011年に京都で行われた日韓首脳会談では、日本側からすれば「終わった問題」である慰安婦問題が蒸し返されたことも、悪影響を与えました。また竹島についても「現状」を変更する行動を、韓国側が一方的に仕掛けてきた、という理解が広がったのでしょう。慰安婦にせよ竹島にせよ、それぞれ異なる立場があって、それに基づいて主張することは自由なはずなのですが、自分とは違う意見はすべて「妄言」「売国」として、非難されるようになりました。

「韓国に対して親しみを感じない」という感覚が一般国民の間でここまで広がったのは、1965年に国交を正常化して以降半世紀のなかで初めてのことです。日本側のシンプルな感情としては、韓国に対する「うんざり感」が強まっているといえます。

それが「韓国という国はヘンテコだ」という印象につながり、理解不能だという一般認識ができあがりつつあります。理解しようとすることさえ諦めてしまうのは決して望ましい状況ではありません。

私はこう考えています。

日韓両国ともこの数年での急激な社会情勢の変化を受けて、日韓が戦ってきた「ゲーム」の「ルール」が、変わりました。

「ルール」の変更は、「ゲーム」ではよくあることです。というより、国際政治という舞台では、「ルール」が不変の「ゲーム」はほとんどありえません。

嫌韓・反日の流れは、「ルール」変更にうまく対応できていない、お互いの軋轢《あつれき》の表れではないかと推察しています。

第2章　落としどころを見失った判決

「感情」で動く韓国の司法制度の特殊性

韓国のよくわからない面の最たる例が、「司法判断が国民情緒に流される」ということです。

本来、法というのは厳密に文章によってルール化されているもので、感情的な判断や政治的な思惑は入り込まない、というのが大原則となっています。しかし韓国ではどうやらそうではないようです。

日本からすると理解しがたい判決が、2013年から続いています。その最初が、ソウル高等裁判所が出した、靖国神社放火犯への判決でした。

一人の朝鮮族の中国人男性が、2011年12月に靖国神社に放火、翌月には韓国の日本大使館に火炎瓶を投げつけた事件が起きました。日本国内でも連日、報道されたので覚えている人も多いでしょう。

男は韓国国内で逮捕されたことから、火炎瓶の件で韓国の刑務所で服役していました。靖国への放火は、ボヤ程度で実害は小さかったのですが、放火というのは重大犯罪です。一歩間違えば死者が出てもおかしくない。しかも靖国神社という、いろんな意味で日本を象徴する神社での犯行でした。

事態を重く見た日本政府は「日韓犯罪人引渡条約」に基づき、男の身柄を日本へと移送することを韓国側に求めました。しかしソウル高裁は、これを拒否しました。理由は、男の行為が日韓犯罪人引渡条約の例外規定である「政治犯」に該当するから、というものでした。

一方、男は「自分は抗日独立運動をしていた人物の孫で、祖母は日本軍によって慰安婦にさせられた。そのため靖国への放火は義憤にかられて行ったものである」と主張していました。結局、韓国の裁判所は男の言い分を認め、「男の行為は政治的大義に沿ったものであることから、政治犯として認定する」として、日本ではなく男の国籍のある中国に帰国させました。

日本が犯罪人引渡条約を結んでいる国は、アメリカと韓国のみです。この条約を結んでいるということは、双方の法律体系と、その基本となる法の精神が等しいという確証を両者が共有しているからです。

今回の事件は、韓国に対してこの条約を適用するよう要求した最初のケースでした。放火という重大犯罪ですから、日本政府は当然、犯人の引き渡しが行われるだろうと考えていました。

ところが、その期待は裏切られたわけです。

その後も、韓国との間で、法や司法のあり方をめぐるすれ違いが続きます。

対馬の観音寺で盗まれた仏像と犯人が韓国で発見され、裁判になりました。

韓国司法はその仏像が盗品であることを認め、窃盗罪を適用したのですが、「本仏像は中世の倭寇《わこう》のときに日本が韓国から盗んだものであり、日本の寺がそうではないということを証明しない限り、日本への返還義務はない」という処分を下しました。

しかも長年、平穏に所持してきた善意の観音寺に対して、「今後法廷の場で正当に取得したことを立証せよ」としています。たとえ盗品だったとしても、そのことを知らない善意の占有者には罪はありませんし、「盗んでいない」という証明を観音寺がするのではなく、「盗んだ」という立証責任は韓国側にあるのが普通です。明らかに法の一般原則に反する処分です。

司法の判断にも、時にトンデモがないわけではありませんが、2国間条約や一般国際法、さらには法の一般原則が守られないのは、前代未聞です。それが許されてしまったら、国内でも国際関係でも、社会関係は安定しません。安心してつきあうことができなくなります。

誤解を恐れずに言えば、「朝鮮人を殺せ」とヘイトスピーチを繰り返す在特会（在日特権を許さない市民の会）のような団体の活動より、「韓国はまっとうな国なのか？」「信頼できる相手なのか？」という懐疑が、深く静かに、日本国内に広がりつつあることのほうを、私は懸念しています。

日本政府の公式見解は「韓国は、我が国と、自由と民主主義、市場経済等の基本的価値を共有する重要な隣国である」というものです。

しかし「基本的価値」の共有を強調しているのはこちら側だけで、現実には段々としらじらしく響くようになっています。

日本政府は観音寺の仏像について、日韓両国が加盟しているユネスコの文化財不法輸出入等禁止条約に基づき、韓国政府に返還を求めています。朴大統領はいままさに、自国の司法府の決定と国際法の間に立たされているといえます。

朴大統領は、「約束と信頼」を重視するリーダーとして韓国国民から選ばれました。就任演説では「諸外国と信頼外交を積み重ねていく」と明言しています。「国民情緒」が憲法の上位にあると揶揄《やゆ》されるほど、時に国政を左右してきたことは問題である、としっかり認識しています。それゆえ朴大統領は、韓国でも「法の支配」を強化するというスタンスに立っていたはずです。

法的安定性を確実にすることは、ソーシャル・キャピタルを蓄積したり契約を成り立たせたりする上での大前提です。グローバルな貿易に大きく依拠している韓国にとっては死活問題でしょう。

しかし靖国放火犯、対馬の仏像の問題に関しては、外国との信頼や法の支配を重視するという姿勢はまったく見受けられません。

朴大統領には、放火事件と仏像問題について、法に則した、ごくごく標準的な対応を願いたいものです。

こういった韓国での司法のプレゼンスとその波紋は、韓国政治だけでなく日韓関係の混迷を象徴しているのではないでしょうか。

徴用工の損害賠償裁判が問いかけた韓国憲法という問題

法や司法のあり方をめぐる日韓の対立で、最たるものは徴用工問題です。

ソウル高裁は、2013年7月10日、戦時期の韓国人徴用労働者に対する不法行為について事実認定し、新日鐵住金（旧日本製鐵）に損害賠償を命じる判決を下しました。さらに、30日には釜山高裁で三菱重工業に対しても同じような判決が出ました。

しかし1965年に日韓両国が国交を正常化した際には、「日韓請求権協定」という合意が両国の間で成立しています。これは双方が財産請求権を放棄する代わりに、日本が韓国への経済協力として、5億ドルを供与することを決めたものです。この合意によって、請求権問題は国家間も個人も、「完全かつ最終的に解決されたことを確認する」とされています。

ところが7月の2つの判決では、日韓請求権協定について、「日韓請求権協定で個人の請求権は放棄されていないし、韓国政府の外交保護権も消滅していない」としています。

要するに「日本の政府や裁判所だけでなく韓国政府もこれまで門前払いにしてきたが、韓国司法では個人の請求にも応じるよ」ということです。

新日鐵住金も三菱重工業も直ちに上告しましたが、韓国の最高裁でこの判決がそのまま確定することは確実とみられています。

これに対して日本政府は、「問題はとっくに解決済みでありとうてい容認できない」という立場です。そして今後、韓国の最高裁で「要賠償」と命じられるならば、国際司法裁判所に提訴することも視野に入れています（2015年1月現在）。

特定の企業の問題ではなく、日韓関係をそもそも成り立たせ、ここまで安定させてきた法的枠組み自体が根底から揺るがされるという、きわめて憂慮すべき事態となっています。

日本側からしたら「なぜいまさら、そんな話を蒸し返すのか?」という印象を受けると思います。

しかし私はこのニュースを聞いて、ある意味「出るべくして出た判決だな」と感じました。

判決そのものを擁護しているわけではありません。でも韓国側の論理をいったんなぞってみると、その「ゲーム」のその「ルール」だと、そういうプレイになるしかない、というのです。

そのロジックをご説明しましょう。

韓国の司法も、日本と同じく、その拠って立つところの憲法に基づいて判決を下しています。その憲法にどう書かれているのかといえば、1910年から1945年まで続いた日本による韓国の統治、いわゆる「日韓併合」と呼ばれる植民地支配(これをどう呼ぶかも論争されていますが、ひとまずおきます)について、「始まりの段階から不当で不法で無効であった」と断じているのです。

韓国併合条約という名前の条約に基づいて統治されていますが、その取り決め自体がそもそも力による押し付けによるものであって、法的にははじめから成り立っていなかったとみなしているわけです。

ですので、その後はすべて「日本帝国主義による強制占領（日帝強占）」ということになるのです。

実際、解放・独立は「盗人のようにやってきた」といわれるくらい、自ら勝ち取ったというよりは日本が第2次世界大戦に負けたことで可能になったのですが、「日帝強占はそもそも不当で不法で無効であった」という認識なのです。それが、憲法という国家の土台にビルトインされているのです。

現在、韓国国内で通用している憲法は、1987年に民主化したときに改正され成立しました。その前文には、1919年に起きた3・1運動という当時の日本統治に対する反対運動の際に、中国の上海にその名も「大韓民国臨時政府」が成立し制定した憲法のことが書かれています。

その臨時政府が制定した憲法の精神を、いまの韓国憲法は継承している、という前提をとっています。

植民地支配と直結するような、日本の国家権力やそれと直結した企業による「反人道的不法行為」は、韓国憲法の「核心的な価値」を傷つけている。だから損害に対しては賠償を請求する権利がいまなお残っている、というのがあちらの論理なのです。

韓国人にいまも残っている「不合意」の感情

一般的には、国と国同士が定めた条約は、片方の国の「内規」である憲法よりも、拘束力が上である、というのが国際法の常識です。日本側もその常識に基づいて判断した結果、韓国側の主張を「認めることはできない」としています。その判断は一貫しています。

人間と人間同士の関係と同じく、国家と国家の関係も、「約束したことはちゃんと守る」という信頼の原則があって、初めて成り立ちます。これがなければ国同士の貿易も、領土をめぐる交渉も、ビジネスや和解もまったく成り立ちません。

この「互いに約束したことを守る原則」のことを、ローマ法成立以来の大原則で、「合意は拘束する」（ラテン語では「パクタ・スント・セルヴァンダ」）といいます。

韓国側は、明らかにその大原則を破っています。

しかし「ルール」の論理で解いていくと、別の見方もできます。

法には「事情変更の原則」というものもあります。これは合意を結んだときに、その合意の前提となっていた「事情」がのちに根本的に変更された場合、その合意は成り立っていないとみなす、という原則です。こちらも古来の大原則なので、「クラウスラ・レブス・シク・スタンティブス」というラテン語で世界各国で知られています。

1965年に成立した日韓基本条約や日韓請求権協定について言えば、「当時の韓国は民主化していなかった」「軍事政権下で、国民は戒厳令下に置かれており、真に国民の意思を代表した政治体制ではなかった」という状態で結ばれたものになります。

この条約は韓国内の大きな反対のなかで、時の朴正熙《パクチョンヒ》大統領が強行して結びました。それゆえ韓国人の間にはいまも「あのとき私たち国民は、本当は合意していなかったんだ」という思いが残り続けることになりました。

そう考えると現在の強引とも思える「ルール」のねじ曲げに、感情的な理屈が通ってきます。

2015年1月の時点では、徴用工の補償問題は韓国の最高裁で確定していません。しかし先にも述べましたように、高裁の判決がそのまま確定する可能性が、非常に高いと見られています。

日本側の賠償金支払いが確定した場合、韓国の国民感情としては胸がすく思いかもしれません。ところが韓国政府は、「政府を挙げて対応を検討する」と、慎重な姿勢をとっています。けっして韓国側の勝訴を諸手を挙げて望んでいるわけではないのです。

実は韓国政府は、徴用工問題に関しては、日本政府と同じ立場をずっととってきました。法的には解決済みであり、いまさら蒸し返す問題ではないという認識です。

政府はそれまでにも特別法を作って、かつて徴用工だった人たちに、税金からお金を出して一人あたり2000万ウォン（210万円）程度を補償しています。

ところがそれらの「合意的関係」に対して、司法府から「マッタ」がかかったという格好になります。

なぜ司法が、政府と足並みを揃えていないのか？

韓国は政府と司法、政治と法の関係が、ある意味「ダイナミック」な状態だといえます。

このあたりに韓国に特有の「国のかたちとあゆみ《コンスティテューション》」というか、日本とは異なる国制がうかがえます。

その特性が、今回徴用工問題となって表れたのではないかと思います。

「合意できないことに合意した」高度な政治判断

国家に対する個人の請求権というのは、どれぐらいまで保証されるもので、いったいいつまでその権利は残っているものなのでしょうか？

日韓の個人請求権は、１９６５年に日韓が国交正常化した際、「完全かつ最終的に解決された」ものとみなすという政治的な合意がなされました。これを妥協の産物とみなすか、政治家同士の賢明な判断とみなすかは、日韓とも意見が分かれるところですが、ともかくいったんそれで決着がついたはずだったのです。

その時点でも、１９１０年から１９４５年にかけて日本が朝鮮半島を統治した時期の法的性格については、日韓双方で大きく隔たりがありました。

日本はあくまでも当時の国際法に則った、合法的な統治であり、それが１９４５年の終戦、あるいは１９５２年のサンフランシスコ講和条約によって効力がなくなったという立場をとりました。それに対して韓国は、先ほども述べましたように、１９１０年当時からそもそも不当で不法で無効だったという立場です。

この根本的な見方の違いによる争いに最終的な決着をつけぬまま、１９６５年の基本条約で、１９１０年以前に日韓の間で結ばれた条約は「もはや無効である」という解釈をすることで合意しました。

「もはや無効である」という文言には、「それが正当であったか不当であったか」という価値判断は含まれていません。両国政府は、日本の韓国統治の正当性は争わずに「条約はすでに効力を失っている」という一点において合意したわけです。

この合意に基づいて韓国政府は国民に対し、「日本による占領は不法であったから効力はそもそもなかった」と説明し、日本政府は「韓国統治は合法的だったが終戦や講和によって韓国は日本ではなくなった」と、それぞれ自国民に対してまったく質の違うアナウンスをしました。相手が自分とは違う説明をしていることは知っていた。けれど「外交問題にはせずに、お互いそっとしておこう」という、暗黙の了解を「ルール」として、それに従っていくことにしたのです。

そのとき、請求権については「完全かつ最終的に解決されたこととなることを確認する」という、非常にもってまわった言い方をしています。

「超訳」すると、「いろいろあるけど、解決したってことにしておこう」という意味です。このときの決着は、「合意できないことに合意する」という、きわめて高度な政治判断であったと、私は高く評価しています。

実際、1965年から1990年代ぐらいまで、個人請求権についても竹島についても、それで何とか政治問題化させずにうまく「管理」してきたわけです。

ところが時は流れ、その1965年の合意がもちこたえられなくなってきています。それこそ「もはや無効」なのかどうか、が問題です。

国家間で暗黙の「ルール」があったにもかかわらず、諸情勢の影響によってアジアをめぐる「ゲーム」が大きく変容してきました。

そのため「ルール」の歪《ゆが》みがあらわとなり、現在のように日韓間でさまざまな問題が噴出してきたのではないか、と私は考えています。

解決のゴールポストが設定されていない

徴用工問題に関しては、韓国の裁判所がいちばん不可解な存在です。

今回の判決は正直、韓国政府としても寝耳に水だったでしょう。終わったと完全に思っていたところ、なぜかひっくり返された。これは韓国人個人と日本企業の間の民事訴訟ですが、ことが国家間の「ルール」にも関わるものですので、韓国政府としてはその間に立たされていて、何らかの対応に迫られているわけです。

繰り返しますが、韓国最高裁の結審では残念ながら新日鐵住金や三菱重工業は負けます。一人あたり1000万円ぐらいを元徴用工の人たちに支払いなさい、という判決になるでしょう。

日本企業としてはそれくらい支払うのは難しくはないと思いますが、波及があまりに大きいのです。

まず「50年前に国家間で取り交わされた約束が事実上反古《ほご》にされる」というのは、外交上大変な問題です。世界の秩序を支えている国際法のシステムが、根底から覆されてしまいます。そして韓国側の「政府の条約解釈を裁判所が共有していない」という、政治システムの特異さを、国際社会全体が知るところになります。

今回の問題で最も苦悩しているのは、朴大統領でしょう。完全に日本との条約と裁判所の間で板挟みになっています。

おそらく裁判所は、いまは国民感情を汲みとる流れで、日本を叩ける要素の大きい徴用工問題を俎上にのせ、韓国国民の要求に応じた判決を提示したのではないかと考えます。近代国家の司法府としては、なかなかないケースですが、判決が出てしまうと大統領は日本との外交で行動の自由を制約されます。

しかし日本に強く出れば韓国の立場も苦しくなってしまうということを、大統領はわかっています。

裁判所だけでなく韓国内の支援団体や弁護士グループなど、「うるさ型」は日本に断固として厳しい態度を望んでいますが、あまり強く出ると暗黙の「ルール」を長いあいだ共有してきた韓国側も、無傷ではすみません。

徴用工問題については、どう対処したら丸く収まるのか、どこに決着をもっていけばいいのかわからない、というのが韓国政府の正直なところではないでしょうか。

もちろん、日本としても困惑が広がります。

条約を反古にする最悪の事態になることだけは、お互いに避けたいのに、解決に向けてボールをどこに蹴りこんでいいのか、わからなくなっています。

せめて韓国側が「ここがゴールです」と明確に設定してくれたら、そこにシュートを放つ努力はできるのですが、いまのところゴールがない、もしくは幅が5センチくらいしか空いてないゴールしか用意されていません。

この話を、ある韓国の政府高官に言うと、「そのとおりだ」とした上で「裁判所がなぜわざわざゴールの幅を狭めるようなことをしているのか、わからない」と嘆いていました。

いま韓国で、フシギなのは大統領や政府ではなく、裁判所ではないかと感じています。裁判所の不可解な判決に、政権が振り回され気味で、日本への対抗姿勢をとらざるをえなくなっているような印象を受けます。

余談ですが、韓国政府が日本に対して強硬姿勢をとれば、大統領の支持率が上がる、と日本では思われています。支持率稼ぎで日本バッシングしているのでは？　という分析もありますが、それは誤解です。たしかに韓国の大統領が選挙の前に、何らかの対日行動を起こす場面はしばしば見受けられました。後に詳述する李明博《イミョンバク》前大統領の竹島上陸問題もそうだったと、日本では受けとられています。しかし一時、韓国内で賞賛の声が上がっても、それが大統領や政権への支持率アップにつながったというデータの裏づけは、まったく取れていません。ちょっとは上がるのかもしれませんが、長期的評価につながった事実はないのです。ヨーロッパ諸国で政権が危ないとき、移民問題をクローズアップするとか、その場しのぎの問題のすり替えと大差はありません。

徴用工問題は、政権の支持率上昇を目的として、大統領がリードしながら日本への追及を始めた、というわけではないと思います。繰り返しますが裁判所の不可解な判決に、韓国政権も右往左往している、それが現状です。

はっきり言って誰の得にもなっていないわけです。

日本としても、あまりに狭いゴールポストを設定されて、ボールを渡されても、シュートを打つところがまったくない。双方とも途方に暮れるしかありません。どうしてこんなことになっているのか。韓国は対日交渉以前に、国内における政治と法、政府と司法の関係についてよくよく考えなければいけないと思います。

韓国は近年、こうした事後法といいますか、「あのときは合意だったけど実は不合意でした」「現在では違法とみなすので罪を問います」という、ちょっとわがままな子どものような論理を、日本に仕掛けています。普通の法治国家なら絶対にやるはずがない、というか、それをやってしまったら国家間のビジネスや信頼関係そのものが破綻してしまう、というリスキーな対応を重ねています。

万一、日本側がすべて譲歩して、徴用工問題などの諸問題が、韓国側の要求したとおりに解決したとしましょう。それこそ大変な事態になります。国家間の合意は、時間が経てばいつ破っても許されるという、非常に乱暴な「ルール」がまかり通ることになります。

そうなると国家間のあらゆる取り決めは、ほとんど有名無実の無法状態となり、世界秩序が根底から揺らぐことになります。そのような世界を、日韓はもちろん国際社会が望んでいるはずはありません。

大切なのは、基本を守ることです。

確認するまでもありませんが、徴用工問題に限らず日本と韓国の法的対立のすべては、お互いの立場がまったく違うので、完璧に折り合うことは不可能だと思います。どちらかが一方的に負ける、どちらかの正義だけを押し通すという考え方では、さらなる不満が積み重なるだけで、解決は見えてきません。やがて今回の韓国司法の判決のような、情緒的なもつれにも似た、ややこしい事態に遭遇せざるをえません。

対立する相手とは、「私はあなたの意見には反対だ。だがあなたがそれを主張する権利は命をかけて守る」（ヴォルテール）が、基本姿勢であるべきです。それが成熟した大人の態度であり、先進国だと信じます。

似たもの同士の誤解が積み重なっている

私は韓国が幼稚で、途上国だと言っているわけではありません。どう見ても韓国にとってもマイナスの印象しか与えないような対応を、なぜいまになってやり始めたのか？　という、隣人としての素朴な疑問です。

それは韓国が日本に対して思っている疑問と、相似形なのではないかと思います。靖国参拝や改憲案の提示など、いまの安倍政権のとる行動や政策は、韓国や中国にとっては、少なからず不安にならざるをえない方向へと、向かいつつあります。

私の個人的な意見ですが、安倍首相の靖国参拝については、首をかしげています。対東アジア外交ということ以上に米国との同盟関係や戦後国際秩序の成り立ちを考えると、参拝すると絶対に損するのに、あえて「行く」という判断をしました。是非をここでは問いません。なぜ国際社会のなかでマイナスとわかっているのに、一国のリーダーが参拝を強行したのか。日本人の精神を論じる以前の、政治家としてのジャッジメントに、疑問を抱かざるをえません。

集団的自衛権の行使をめぐる論争では、中国や韓国が「日本は軍国主義に回帰」しているという見方をしています。集団的自衛権に関する閣議決定をきちんと読めば、解釈を変更したからといって直ちに行使する、行使できるというわけではないのはわかるのですが、中韓両国には大きな誤解を与えました。

ある日韓共同世論調査によると、現在の韓国人の50パーセント以上が「日本は軍国主義」だと思っているそうです。平和国家だと思っている人は、5パーセントほどにすぎません。日本が第2次大戦後ずっと平和主義、国際協調主義、アジア重視の理念を標榜《ひょうぼう》してきたことは、韓国では浸透していません。これは大変な誤解です。5割から軍国主義と思われているというのは、いまにも戦争をする国だとみなされているということです。

しかし実際は、私たちの生活を見てのとおり、軍国主義とは遠くかけ離れた、平和な国です。安倍政権はいろいろやっているようですが、国民の気質はおおむね戦争反対ですし、国家のシステムとしても、いま新しい戦争を仕掛けるのは不可能、というのが国民の共通した認識です。その事実が韓国など東アジアの国々に効果的に伝わっていないのはただ残念です。

日本の説明不足は、はっきりあると思います。後の章でも述べますが、いまの日本は国際社会へのプレゼンが上手とはいえません。

たとえ至極まっとうな外交政策を講じていたとしても、ターゲットに伝わらないと意味がありません。まして安倍首相による靖国神社参拝など中韓だけでなくアメリカも敏感になる話題をこちらからすすんで提供してしまうところに、プレゼン戦略の甘さが見てとれます。

日本と韓国の場合、「あの国はやっぱり変だ」「ああいうことするのは、普通じゃないよね?」という小さな誤解や違和感が重なり、それが邪魔をして、等身大の姿がお互いに見えなくなっている。それが現状でしょう。

第3章　竹島問題に有用な視座

韓国大統領が竹島に上陸したインパクト

１９０５年２月22日。日本では閣議決定に基づき、竹島を島根県に編入する島根県告示第40号が出されました。今では枕詞のように用いるようになった「島根県の竹島」であるという根拠を示す重要な国家行為です。

それから１０９年後、２０１４年の同じ日に、島根県が毎年主催している「竹島の日」記念式典が行われました。しかし、安倍晋三首相は領土問題担当大臣ではなく内閣府の政務官を派遣しただけでした。公式には韓国と領有権を争っている竹島問題について、「国際司法裁判所（ＩＣＪ）への単独提訴も含め検討、準備を進めている」と気炎を上げていますが、実際には安倍首相はロー・キー（慎重な姿勢）を保っています。２月７日の「北方領土の日」には、もう一つ別の領有権紛争を抱えるロシアのソチで開催された冬季五輪の開会式に出席する前に、記念式典に自ら参加したのとは、対照的に見えます。島根県はこのあからさまな「差別」「疎外」に、前々から我慢ならないのです。

とはいえ政府は中学・高校の学習指導要領の教師向け解説書に「島根県の竹島は我が国固有の領土である」ことを、「沖縄県の尖閣諸島」とともに明記することで、領土教育を徹底すると決めています。

一方、韓国では小学校から年に10時間の「独島《ドクト》」教育を行っています。3歳児でも「独島は韓国領」と認識しており、領有権をめぐる問題については、子どもでもしっかり韓国の立場を繰り返すことができます。

「ドクトヌン　ウリタン（独島はわれらの地）」という歌があります。1982年にリリースされたのですが、当初はキワモノ扱いされていました。しかし1996年に「海の憲法」といわれる国連海洋法条約が発効すると、歌詞はそのままでも社会的な意味合いがガラリと変わり、今では「愛国歌」という国歌に並ぶものとしてすっかり定着しました。振り付きで歌える子どもたちも多いです。

このように教育レベルで、日韓とも竹島の領有権については「一歩も譲らず」の姿勢を崩していません。しかし実質的には両国とも、竹島の領有権を「表だって争わない」という暗黙の「ルール」を、長年にわたり守ってきました。

ところが事態が急変します。

2012年8月10日、当時の李明博《イミョンバク》大統領が、現職の大統領、国家元首として初めて竹島に上陸しました。

その計画は前日に明らかになり、日本政府はソウルの大使館を通じて韓国政府に対して中止を申し入れました。しかし無視されるように退けられ、大統領は10日正午すぎに鬱陵《ウルルン》島《ド》から竹島に向かい、午後2時前には上陸しました。

この上陸には、文化体育観光相や環境相らも同行しています。あくまでも韓国最東端の視察という位置づけです。明らかに、韓国の現職の大統領による「ドクトヌン　ウリタン（独島はわれらの地）」というアピールでした。日本政府にとっても日本人にも、大変な衝撃でした。1996年に金泳三《キムヨンサム》元大統領が接岸施設を建設したこと以上の「ルール」破りではなかったかと思います。

この「独島訪問」により日韓の関係は、急激に冷え込みました。

軍事情報包括保護協定（GSOMIA）や物品役務相互提供協定（ACSA）をめぐる日韓間の協議は事実上凍結しました。日本政府は韓国のこの行動に反発して、当時の玄葉光一郎外相は武藤正敏駐韓国大使を一時帰国させています。そして日本国内では、一気に「嫌韓」の流れが進みました。

なぜ李大統領はそんな行動をとったのか。

歴史問題などでの日本に対する積もり積もった不信感だけでなく、退任間近の大統領が喪失した求心力を取り戻すため、または大統領周辺の金銭絡みの不祥事から目をそらすためなど、さまざまな推論がなされましたが、実際のところはよくわかりません。

ともかく、いち政治家ではなく、現職大統領、国家元首が竹島に上陸したというインパクトは決定的なものでした。歴史に残る重大な事実として、日韓ともに受け止めるべきでしょう。

国連海洋法条約が対立のきっかけだった

竹島問題は、領土紛争の例の中では、少し珍しい経緯があります。

実は竹島の領有権について、日本がはっきりと主張するようになったのは、わりと近年のことです。長い間、韓国のほうが圧倒的に声が大きかった。

世界の標準的な領土紛争は、「実効支配をできていない」側の国が、騒ぎ立てる構図となっています。声を上げることで国際社会のアテンションを集めようとする。しかし竹島については「実効支配できている」側の国が、領有権を声高に叫び続けてきました。これはかなり稀なケースだといえます。

誤解を恐れずに言えば、それはそれで、実はありがたいことなのです。係争地域として国際的に知られるきっかけになるわけです。

１９８０年代ぐらいまで、竹島は日韓の間でうまく「管理」できていました。どちらの本土からもかなり離れていますし、資源は何も無い。観光地にもならない。島そのものに経済的価値はないので、日韓とも、それで日韓関係全体をダメにしたくはありませんでした。

韓国側としては、竹島は日本の植民地支配が始まった１９１０年より前に、不法に日本に奪われた島だという、あちらの文脈に沿った物語があります。実利よりも情緒的な意味で、島は自分たちのものであるという意識が強い。なので日本との衝突が強まったいままでは、それなりの国家予算を投じて、島の管理を続けています。それ自体では何ひとつ経済価値を生み出さない島に、それだけの巨額の予算を投じられるとは、かなりの執着というか、愛着が推してはかれます。

日本側もある意味、韓国による一方的な島の占領を見過ごしてきてしまったという、強く出られない歴史もあるのですが、情勢が変わりました。

１９９４年、海に関する国際連合条約、略して「国連海洋法条約」が発効したのです。海洋に関する包括的・一般的な秩序の確立を目指して取り決められた条約で、日本と韓国を含む１６７の国と地域、欧州連合が批准しています。

「海の憲法」とされるこの条約により、国家の排他的経済水域が200海里に設定されました。つまりすごく小さな島、沖ノ鳥島でも南鳥島でも、そこを中心にコンパスでグルッと200海里を円で描いた範囲が、日本の経済水域になるのです。

200海里は、370キロメートル。グルッと円を描くと、その海域だけで40万平方キロメートルにもなります。日本の国土面積は38万平方キロメートルなので、南鳥島や沖ノ鳥島を領土として主張して、経済水域を少しでも大きく取りたいのは当然でしょう。

日本海は狭いので400海里もなく、ぶつかります。しかし竹島を取ることができれば、日本の北西の海域を「陣地」として、飛躍的に広く取れるようになります。その狙いは韓国も同じでした。

島自体に価値はありませんが、あの島を基点としてもたらされる経済水域をめぐり、日韓が本格的に「取り合い」を始めたというわけです。

その頃、金泳三大統領は「過去の清算」を掲げて朝鮮総督府だった建物を取り壊して、以前の景福宮《キョンボックン》を再建しました。竹島に対しても接岸施設をつくり、フェリーで行けるようにしました。一方的な現状変更で、「独島は韓国のもの」という、国際社会へのアピールに、さらに躍起になったという印象です。

もちろん日本としても平静ではいられません。2014年11月、韓国の歌手イ・スンチヨル（ＲＵＩ）さんが日本への入国を拒否されました。イさんが8月に竹島で南北統一を願う歌を発表したことに対する、一種の制裁行為だとして、日韓の間で物議をかもしました。日本の入管は、イさんの過去の大麻吸引歴を問題にしたといいます。しかしその後にもイさんは仕事で普通に日本へ入国できているらしい。真相はどうであれ、竹島問題は民間レベルでも、かなりデリケートになってきている証拠です。

話を戻すと、国連海洋法条約によって「ルール」が変わりました。竹島をめぐる重要性が日韓ともに、歴史認識とは別の意味で生じてしまったのです。１９９８年の小渕恵三首相と金大中《キムデジュン》大統領による首脳会談で「日韓パートナーシップ宣言」を出して、１９６５年の国交正常化以来、2度目の日韓漁業協定を締結しました。

まずは竹島周辺の漁業についてどうするのか。不法行為があったときに、沿岸国が逮捕するのか、船の国籍国が逮捕するのかなど、当時の情勢に即して、新たな日韓の「ルール」をつくりました。

なにより漁業問題と領土問題を切り分けました。海の憲法ができて、海の持つ重要性が両国ともはるかに高まったわけですけれども、ナショナリズムに足を引っ張られず、目先の実利的な問題である漁業について、約束事を決めておくのが先決と、当時は判断されたのでしょう。日韓とも、やはりライン引きではモメにモメましたが、結果的には日本は隠岐諸島、韓国は鬱陵島を基準に、あたかも竹島がないようにラインを引いて、漁業エリアを定めることに成功しました。

それでなんとか、やり過ごしてきたわけですが、2000年代に入り、じわじわと国連海洋法条約の効力がクローズアップされるようになってきました。加えて日韓双方のナショナリズムの台頭、2005年の島根県による「竹島の日」条例の制定、盧武鉉《ノムヒョン》大統領の「外交戦争も辞さない」発言など、竹島をどちらが取るべきかという「ゲーム」が顕在化していきました。

そして李明博大統領による竹島上陸です。再び、一方的に現状が変更されました。日韓漁業協定以来、うまく「棚上げ」できていた竹島問題が、両国の最大のトラブルの原因になり、日本の「嫌韓」を決定づけました。

韓国側としては、植民地支配へと続く最初の犠牲である独島を、いままた日本が奪おうとしている。これは軍国主義の復活だ、という物語ができています。

このような状態で、決着の道をさぐるのは、たいへん難しい。条約というより、情緒が複雑にからみあう領土問題になってしまったので、1998年の漁業協定ぐらいの「手打ち」では解決できないでしょう。

海の憲法がきっかけで、曖昧にしてきた日韓両国によるプレイのやり方が、許されなくなりました。

島そのものにはほとんど価値がないのに、国家の威信をかけて「取り合い」を始めることになってしまった。

竹島問題は、歴史認識の衝突というよりも、国際社会の「ゲーム」の「ルール」変更に、日韓ともに振り回されてしまったという側面が、大きいのではないかと思います。

間違った翻訳でイメージを誘導する

李大統領の竹島上陸から44日後に放映されたNHKスペシャル「対立を克服できるか——領土で揺れる日中・日韓」では、領土教育のあり方を伝えていました。

ソウル市内の教室で、児童が粘土で「独島」の工作をし、韓国国旗の太極旗を突き立てている場面をズームインしていました。そこだけを見ると、いたいけな子どもたちに反日教育、洗脳教育をしているようにも思えます。

番組でインタビューに応じた教師は、領土教育の目的についてこう述べていました。

「児童が『なぜ独島が韓国領なのか』を『きちんと』説明できるように指導することが授業の一番の目的です」

「きちんと」と字幕が付された箇所は、本当は「論理的に」という用語でした。児童もこう語っていました。

「日本が『私たちが間違っていた。独島はあなたたちの領土だ』と認める日まで、独島は韓国領だと『訴えていきたい』です」

番組の字幕にはそのように表示されていましたが、発言をきちんと翻訳するなら、「訴えていきたい」ではなく「証明したい」と訳すところでした。

NHKにどのような意図があったのかは不明ですが、日韓の感情的対立をあおるような見せ方が散見されて、私個人としては気持ちのいい内容ではありませんでした。

感情的な対立は、とても厄介です。

特に領土に関わるセンシティブな問題は、感情論に陥ると、泥沼化するだけでしょう。領土問題を両国間だけで解決するのはたいへん困難です。諸外国はどのように判断するか、という外からの視点が必要になります。

互いに確実な論拠を挙げながら、世界に向けて「論理的に証明」していくよりほか、有効な手立てはないと思います。

プレゼンするときに大切なことは、こちらの言いたいことを言うだけ言ってスッキリすることではなく、相手に働きかけて物事を動かし、結果を出すということです。

そのためには何より「論理」が問われます。

領土問題に対する日韓両政府の姿勢

私は以前教えていた山口県立大学で、領土教育に取り組んだことがあります。国際文化学部だけでなく、社会福祉学部や看護栄養学部の学生も対象にした「国際情勢」という教養科目を受け持っていました。

竹島を事例に挙げながら、国際社会を舞台にした「ゲーム」におけるカードの集め方と切り方を学んでもらいました。グローバル社会で大切な、物事に論理的にアプローチできる若者を育成したいと考えたのです。私の学生だけではなく、いま嫌韓・反中でなんとなくスカッとしている若い世代のみなさんにもぜひ一緒に考えてみてもらいたいことでもあります。

日韓間の竹島問題という「ゲーム」の全体を見るため、まずいまの韓国の竹島についてのスタンスを整理しましょう。

韓国は実は日本との間に、竹島（韓国では独島）をめぐる領有権紛争は存在しないとしています。韓国政府は、

〈独島は歴史的にも、地理的にも、国際法上も明白な大韓民国固有の領土です。独島をめぐる領有権紛争は存在せず、独島は外交交渉及び司法的解決の対象にはなり得ません。大

韓民国政府は、独島に対し確固たる領土主権を行使しています〉と、基本的立場を明確にしています。つまり領有権紛争の存在そのものを否定しているというわけです。先にも述べましたが、尖閣諸島問題における日本の公式スタンスとまったく同じといえます。

その一方で韓国は、日本が国際司法裁判所に提訴した場合も想定しています。『独島イン・ザ・ハーグ』の著者を政府にスカウトしたのは典型例です。外交省に独島法《マ》律諮《マ》問官として任命し、訴状の作成と国際法廷で戦った経験が豊富なロー・ファームや、権威ある著名な国際法学者とのネットワーキングを担当させているようです。

国際法廷では、一方的に自説を展開したり相手国を説き伏せるよりも、第三者のジャッジやオーディエンスにいかにアピールするかが、勝負を決めるということを韓国は心得ているといえるでしょう。

竹島問題を解いていく「星座」のつくり方

近年東アジアの領有権紛争では、インドネシアとマレーシアが争ったリギタン島・シパダン島、マレーシアとシンガポールが争ったペドラ・ブランカ島事件などが、国際社会で注目されました。

両方とも、国際司法裁判所で決着をつけることに当事国政府が合意し、ひとたび判決が出ると、負けた側もそれに従いました。ペドラ・ブランカ島は、歴史的にはマレーシアのスルタン（王）が所有していたのですが、シンガポール側の「公権力の行使が平穏かつ継続的に行われていた」という島への実効支配の要件が認められ、シンガポール領として認められました。大きかったのは、シンガポールが島に灯台を建てたときに、マレーシアが抗議しなかったことなのです。それが根拠とされて、裁判ではシンガポールに有利に作用しました。

この一連の裁判結果を竹島という事例に当てはめてみますと、日本にとっては今後、なかなか難しい局面になりそうです。

「法的三段論法」という考え方があります。まず、裁判所に持ち込まれた法的紛争に適用される原則を確認します。その次が、事実関係の確定。最後にその事実を、その原則に当てはめる。すると結論は半ば自動的に出てきます。

原則と事実関係を照らし合わせれば、結論はおのずと導き出されるという、論法の仕組みがわかります。

国際法廷の場に当てはめると、領有権が争われた場合、有利に働く原則はどうも実効支配のようなのです。

現在、竹島に対して公権力を行使しているのは、好むと好まざるとにかかわらず、韓国です。携帯の電波、郵便局などインフラが、どちらの国の基本で成り立っているか、確認するまでもありません。

もちろん、韓国による「公権力の行使」に対して、日本は定期的に抗議してきたので、「平穏」でも「継続的」でもなかったということになっていますが、首脳会談などのハイレベルでも続けていたのかどうか。英語を用いて、国際社会に対してもどれだけ抗議の内実をアピールできていたのかは疑問です。そもそも日本人は何十年も、竹島に立ち入ることさえできていません。それでも「竹島は日本の領土」だと主張するためには、相当なロジックとエビデンス（証拠・論拠）を駆使しないと、通用しないと思います。

また日韓双方とも古文書や古地図などを根拠に領有権を主張しています。しかし国際法廷の場では、それほど効力を発揮するとは考えづらいです。歴史的なつながりや地理的な近さは、国際社会では重視されていません。それよりも国際法上の根拠が重要です。古文書の発掘をしっかりすべきという意見もありますが、ややリスキーです。発掘した古文書が正当なものかの見極めも加わってきます。エビデンスの固め方をしくじると、致命傷になりかねません。

加えて日本側は竹島交渉について、「実効支配」という言葉の使い方を決定的に間違っています。

メディアだけならともかく、政府高官がそのまま用いている場合もあり、思慮が足りなさすぎる。日本の首相が「竹島は韓国に実効支配されている」ということを言ってしまったら、「韓国による公権力の行使は平穏かつ継続的である」ということを認めてしまうことになるからです。わざわざ自分たちを不利なほうへ追い込む言質《げんち》を相手に与えるのは愚の骨頂です。

整理しますと、国際司法裁判所は歴史的経緯よりも実効支配など国際法上の根拠を重視していることがわかりました。そういう意味では「韓国に不法占拠されている」日本は圧倒的に不利なのです。

安倍首相は自信満々で、国際裁判になっても勝つつもりのようですが、どこにその自信の根拠があるのか、私にはよくわかりません。

領土問題のようなひどくセンシティブな問題を、国際社会に向けて問うのであれば、国際社会における「ゲーム」の「ルール」に則して、どのようにカードを集めて切っていくかが大事です。相手の手札が出るのを見てから、後手後手の対応に回っているようでは、勝利は望めません。

日本は竹島に対して公権力を行使できていないし、『独島イン・ザ・ハーグ』の著者のような人物を政府にスカウトしていないうえに、相手国の国家元首に上陸されるという、かなり強めのカードを韓国に先に切られています。

それに日本側は「遅くとも17世紀半ばには竹島の領有権を確立していた」と主張していますが、20世紀初頭に島根県への編入で「領有する意思を再確認した」という、わかりにくい論理構成を国際社会に理解されるよう、これからは英語とフランス語で説明しなくてはいけないのです。国際司法裁判所の15名の裁判官のうち数名はフランス語圏の出身です。今後はカードの数や種類の集め方も、カードを切るタイミングも、相当に高度な戦略が必要になってくるでしょう。

とにかく必要なのは島に対する愛着というよりも、クールな戦略です。戦略をもって臨めば、感情論に陥らない、高度なレベルの話し合いができます。

竹島が日本のものか、韓国のものか、はっきりさせることも一面では重要ですが、私はこの高度な「ゲーム」で、日韓がともに成熟した対話を重ね、国際社会のなかでともに成長していくことが、いちばん望まれることではないかと思います。

私は竹島問題の解決には、星座観測の視点が有用ではないかと考えています。

誰にでも夜空の星々は見えます。しかし星々の「あいだ」をつないで、ストーリーを紡がないと、星座にはなりません。南十字星のように、北半球から南半球へと視座そのものを変えないといくらじっと眺めても絶対に見えない星座もあります。

山口県出身の詩人である金子みすゞは、「昼のお星はめにみえぬ。見えぬけれどもあるんだよ、見えぬものでもあるんだよ。」（『星とたんぽぽ』）とうたっています。

この詩は、大きなヒントです。

竹島問題は日本も韓国も、本当はそこにある歴史や事実を都合のいいように見えなくしたり、都合のいいものだけ見たりしている、そのちぐはぐさがこじれて、ここまで複雑化してしまったのではないでしょうか。

領土政策という大空のなかで、星を、星々を、互いにしっかりと見つめ、長い年月変わることのない、たしかな星座として描くことが大切ではないかと思います。

余談ですが、私はスタジオジブリのアニメ作品が大好きです。『風の谷のナウシカ』や『紅の豚』、『魔女の宅急便』などは、見ていて本当に気持ちがいい。世界を見る視座が、いろんなかたちで提示されているからだと思っています。

メーヴェや飛行艇、デッキブラシに乗って空高く上がり、街を見渡すと、いつもとはまったく違った景色が広がります。岬のその先まで見通すことができるような気がしてきます。

『借りぐらしのアリエッティ』も好きです。角砂糖を運ぶのにも苦労する、床上10センチのアリエッティの目から見た風景を通して、私たち観客も日頃の固定された視座から離れることができます。

視座が変わる、時には宇宙的な広さにまで飛ぶ。そういうジブリ作品の心地よさを、日韓関係の見方にも応用してみてはどうでしょうか。

第4章　韓国人の「位相」と日本がすべきこと

韓国に特有の「位相」という考え方

私は2000年代前半に韓国に留学して、5年間ソウルで暮らしました。

いまも印象に強く残っているのは、韓国人は日常会話のなかで「位相《ウィサン》」という言葉を、ごく普通に使うことでした。

日本語の辞書で「位相」を調べると、「極限や連続の概念が定義できるように、集合に導入される数学的構造。トポロジー」とあります。主に幾何学などを勉強しているときに出てくる言葉です。

日本人同士の会話では、位相なんて言葉、めったに使いません。ところが韓国の人たちは、「我が国の位相は」「我が社の位相はライバル社と比べて……」など、日常会話でしばしば使います。

はじめは変だなと思っていたのですが、そのうち私はこの「位相」という言葉に、韓国にとっての国際秩序、あるいは世界観といったものが、非常に色濃く表れているのではないかと気づきました。

韓国人は、国際秩序を「ピラミッド構造」として、とらえています。世界にある数々の国家はまったくフラットではなく、それぞれ一流国、二流国、三流国、あるいは先進国、後進国といったように、厳然と縦のヒエラルキーによって階層分けされている、と彼らは考えています。

順位が定まった位階構造、それが韓国人にとっての世界認識なのです。

重要なのは、彼らが「ピラミッド型構造自体は変えられないが、その構造内での自国の位置は変えられる」と考えていることです。

上から3番目に所属していたのが、努力した結果、2番目に上がることはできる。あるいはその逆に、努力を怠った結果、5番目のグループに落ちてしまう。そのような階層的感覚を持っています。

韓国人は自分たちの所属している「ランキング」や「ポジション」を示す言葉として、「位相」という概念を使っている。私はそのように理解しました。

世界の秩序のあり方自体は不変だけれど、相対的な位置を変えることで、自分たちは向上し、進歩することができる。韓国の人たちはあらゆる分野において、この「位相」という概念にたいへん強くこだわります。

国際関係や外交には、それぞれの国のあり方が出ます。

国連総会に出席する主権国家は、建て前上は一国1票です。超大国のアメリカと、ナウル共和国のような人口1万人に満たない太平洋の島国も、いちおう対等ということになっています。しかし実際の国際社会のパワーバランスにおいては、軍事力や経済力、文化発信力や魅力といった点で目まいがするくらい大きな差があるわけです。韓国人が有する「位相」という世界観は、それなりにグローバル社会の現実に即したものだともいえます。

またこうした世界観を韓国人が持つに至った背景には、韓国が辿ってきた歴史が大きく関わっていると推察できます。

韓国は2000年以上前から、「華夷《かい》秩序」のもとではじめて存在を許された国家です。常に自分たちの上には、強大な力を持つ中国が文字どおり世界の中心として存在していました。中国の支配層が宋、元、明、清と移り変わっても、中国の周辺、下位に韓国が位置しているという構造は、どうあがいても変えることはできませんでした。

ウェストファリア条約に始まるヨーロッパで生まれた世界観が入ってくるまで、東アジアは基本的にずっとこの「華夷秩序」のもとでどの国も政治や外交を営んでいたのです。

漢民族の「明」が滅んだ後には女真《じょしん》族が「清」を建て中国ということになりましたが、

朝鮮は「明の正統な継承者は我々である」と、自分たちのことをみなしました。いわゆる「小中華」という思想です。

日本の場合は大陸と直接つながっていない島国であるため、朝鮮とは違い、自分たちを中国の「周辺」「下位」に位置する国とは思っていませんでした。聖徳太子が隋《ずい》の皇帝に送った手紙には、「日出るところの天子、日没するところの天子に書を致す。つつがなきや」と書きました。この手紙を読んだ隋の煬帝《ようだい》は激怒したと語られています。「日没するところ」と言われたからではなく、自らと対等な「天子」を名乗ったからです。自国のアイデンティティの確立に、中国をそれほど介在させていない、日本の思考の根本が表れていると思います。

とはいえ、のちに室町時代に足利義満が中国に手紙を送るときには「日本国王・臣源」と名乗っています。一定の配慮があるのも、また事実です。

韓国の場合は、そもそも「朝鮮」という国号、つまり国の名前すらも中国の皇帝から授けられたものであり、朝鮮国内の最高権力者も「皇帝」ではなく「王」としか名乗れませんでした。

ちなみに王の尊称は「殿下」であり、「陛下」は唯一、皇帝だけに許されていました。少し前まで韓国のドラマで、朝鮮王のことを「陛下」と呼んでいたのは、歴史考証のミスというか、そうでありたかったという思いが出ています。あくまで「歴史エンタメ」といわれるゆえんです。

東アジアでは中国が圧倒的な力を持っていたため、ベトナム（越南）など東南アジア諸国も華夷秩序の下にありました。朝鮮は特に、その秩序の中で自分たちを「中国に次ぐ地位のものである」と考え、独特の世界観を受け継ぎ、生きてきた国であるといえるでしょう。

ところが19世紀の半ばから後半にかけ、帝国主義の拡張政策をとる西洋列強が東アジアにやってくると、状況は一変します。

インドやマラッカ海峡周辺諸国が次々に西洋列強に植民地化されたことで、中国の国家としての影響力は見る影もなくなり、華夷秩序は主権対等の国際システムによって代替されました。

明治維新によって近代国家へと脱皮をはかった日本は、他のアジア諸国に比べいち早く学校、官僚機構、軍隊、外交官などの仕組みを整え近代化に成功し、欧米がつくる国際秩序の枠組みに参入することになりました。

当初はイギリスやアメリカには不平等条約を結ばされ、貿易の関税で著しい不利益をこうむり、また外国人の治外法権をも認めることになったのは、日本史、いや世界史の事実です。

そうした不平等条約は、日本が日清戦争と日露戦争に相次いで勝利し、第1次世界大戦でも一定の役割を果たすまで続き、軍事的にも、経済的にも西洋列強に一目置かれるようになって、ようやく撤廃されました。いわば日本は新しい「ゲーム」の「ルール」に、アジアで最初に適応することで、ひたむきに「位相」を上げていったわけです。

その過程で、日本は韓国に対し、まるで西洋列強が日本に対して振る舞ったのと同じような態度をとります。

当時、福沢諭吉は新聞の社説に、中国と朝鮮半島を「東アジアの悪友」と評し、日本がとるべき態度として、「悪友と親しむ者は、自分も『悪友』という評判を受けることを免れない。だから我々は、東アジアの悪友と絶交するべきである」と断言しました。

つまりこれまでのよしみを断《た》って、列強と同じようにビジネスライクにつきあわないと、日本も中国や朝鮮のように落ちこぼれ国家とみなされるぞ、というわけです。

中国と韓国からしたら、これまでの東アジアの「ルール」を突然反古《ほご》にして、「野蛮な連中（夷）」がつくった新しいルールになびいた恩知らずの日本を心底許せなかったでしょう。

よくも悪くも日本は、欧米がもたらした新しい国際秩序に適応するという道を選びました。

「国家というものは（建て前上は）対等であるべきである」という、新しい世界観に基づき、日本は日清戦争で中国に勝利すると、朝鮮を華夷秩序から独立させて、1897年に大韓帝国を名乗らせました。こうしてはじめて朝鮮は韓国として、中国と対等な国家になったのです。

現在の日韓、日中、中韓といった2国間関係、さらには日中韓というトライアングルは、このときが起点となって始まった、ということを踏まえておく必要があります。

韓国の大統領府のすぐ近くにある独立門はこの清からの独立、華夷秩序からの離脱を記念して建てられました。ところが現在の韓国には、この独立門を、1945年に日本から解放されたときに造られた門だと勘違いしている人が少なくありませんが、歴史的事実は違うのです。

韓国の正式名称は「大韓民国」ですが、この「大韓帝国」との由縁があってのことです。

列強諸国の襲来に遭《あ》い、日本が西洋化、近代化へと一気に舵を切った反面、韓国は当初華夷秩序のもとにとどまりました。それが決定的な分かれ道になりました。

そして韓国には、日本に対して「我々が先進文化を伝えてやったのに、皇帝に並ぶ天子を勝手に名乗ってけしからん」という思いが、ずっと心のどこかに残っています。

中国に対してはひざまずいても、日本に対してはプライドがあり、新しい現実を受け入れられない。韓国にとっての日本は、とてもアンビバレントな存在です。西洋列強がリードする「ゲーム」で、アジアで最初に「上がった」日本に植民地支配を受けたことで、強い劣等感があるのも事実です。

韓国は独立後、さまざまな優越感と劣等感が複雑に交差し、独自の秩序をつくりあげました。それが「位相」という独特の世界観の形成につながっていったのだと分析します。

ちなみに韓国の学者が「うちの大学の位相は」と言うときには、ソウル大学を頂点とするランキングが前提になっています。国立大学のナンバー2のはずの釜山《プサン》大学はランキング3番目、4番目あたりにすぎません。2番目はあくまでもソウルにある私立大です。とにかくソウルにすべてが集中しているのです。そのなかで自らのランキングをなんとかして上げていこう、というのが韓国人の根底にある思想のようです。

韓国人はインテリ層も、ピラミッド型の秩序のあり方自体は絶対に揺るぎないものとして、とらえています。秩序そのものをゼロベースで自らつくり上げるという発想はしません。

その点、アメリカは国の成り立ちも国際関係も、ゼロから秩序をつくり上げるという発想で世界に臨んでいます。いわゆるアメリカ思想というものは、世界そのものを創世するというのがベースになっています。

世界観が根本から違います。

日本と韓国、そして東アジア諸国が、それぞれどのような世界観を有しながら互いに向き合っているのか。「未来としての過去」が、21世紀のいま再び試されています。

報道の自由と「位相」の相互関係

少し違う話をしましょう。

産経新聞の前ソウル支局長が韓国で在宅起訴され裁判になっている問題について、イギリスの有力誌『エコノミスト』(2014年10月18日付)は、このように述べていました。

「朴槿恵《パククネ》大統領は自らが冒瀆《ぼうとく》されることで国の威信が失墜すると言うが、一番傷つけられたのはやっとのことで勝ち取った民主主義ではないかと韓国国民は疑うだろう」

こうした国際的な批判が出ることは事前に充分予見できたはずでしょう。大統領個人の名誉と、国全体の威信のどちらを優先するべきなのか、考えるまでもなく明らかだったはずです。にもかかわらず大統領は、自らの感情が先立つあまり、国際社会の「ゲーム」のなかでのソロバン勘定ができなくなっているのではないでしょうか。

政権のアドバイザーたちも、正論を進言できていないということが逆にわかります。「民主化の成功例」と讃えられたはずの韓国が、支払う代償はあまりに大きいと思われます。個人的にも残念でなりません。

父の朴正熙《パクチョンヒ》時代には「国家冒瀆罪」が刑法に規定されていて、大統領を批判することはそもそも許されていませんでした。その規定は民主化以後、廃止されています。言論の自由は韓国憲法でも当然保障されています。しかし、「閣下のお姫様」に対する「ケェシム罪」は残存していると、言わざるをえません。

「ケェシム」とは「目下の者が目上の者や権力者の意図に逆らったり、目につく行動をしたりして憎まれること」（韓国最大手のポータル・サイトNAVERの国語辞典）です。法で定められているわけではありませんが「罪」になぞらえられています。結果的には、目下の者は「ヌンチボギ（ご様子うかがい）」するのが、合理的になります。こうした権威主義的な文化は、政治制度が民主化されても生き残っているようです。

一方で、ジャーナリスト、とりわけ外国メディアの記者を起訴するということについて国際社会は一様に批判的でした。アメリカ政府も人権状況に関して毎年出している国別報告書で、表現の自由を制限する韓国の「法自体に懸念」していると表明しています。

韓国はこうした国際的な反応や国の「位相」には敏感です。「位相」を下げてしまうかもしれない事態を、いつまでもスルーするとは考えづらい。そこが外交上のテコになりうるでしょうし、まだしも円満な解決につながることを期待します。

李明博《イミョンバク》前政権における「先進一流国家」という国政目標は「位相」観の典型でしたが、こうした考え方は現政権でも共有されています。

しかし前ソウル支局長の在宅起訴に対して国際社会から批判を受け、明らかに「位相」を下げています。

報道の自由に関して「国境なき記者団」は世界各国のランキングを毎年、発表しています。2014年現在、韓国は57位と中位圏にとどまっており、「顕著な問題」が存在すると指摘されています。しかも、ここ3年連続して順位を下げています。

今回の在宅起訴は日本のほか、国際社会から「起訴するな」という警告があったにもかかわらず、無視されるかたちで行われました。ランキングが今年度さらに落ちることは確実です。

ちなみに、日本の順位は安倍政権になった2013年に急落しています。現在、韓国と逆転し、59位という残念なランキングです。報道の自由に関しては、韓国だけを一方的に非難できる状況ではありません。

韓国は報道の自由だけでなく、国民の全般的な自由に関しても、評価を下げています。「フリーダムハウス」という機関による調査では、2014年になって「政治的権利」のスコアが、7段階で最上位の1から2へと引き下げられました。民主化以降、「市民的自由」という別のスコアと合わせて、ずっと向上してきたのに、初めての後退です。

先にも述べたように、韓国がこうした評価の低下を、よしとしているとは思えません。

1980年代末の「第3の波」で民主化したなかで、韓国は台湾と並び、最も成功した国家であるという評価が、国際的にも確立していました。政権交代も2回実現し、新興民主主義体制として、完全に定着したとみられています。

しかし問題は、どこまで本当の自由民主主義体制になったのか、という点です。

先に引用した英国のエコノミスト誌は、いまの韓国について「民主主義体制かもしれないが、リベラルではない」という非常に手厳しい評価を下しています。

同じような評価を受けている典型例は、いまのロシアです。欧米主導の「位相」社会で生きていく上で、ロシアと大差がないように映るのは、韓国にとって決して望ましい事態ではないでしょう。

朴大統領は就任時に「法の支配」の確立が課題であると明言しています。公人に対する名誉棄損の判例では、「悪意的あるいは極めて軽率な攻撃で顕著に相当性がない場合」を除いて（韓国最高裁2002年判決）は、違法性はないというのが一般的になっています。

この解釈にならうならば、セウォル号沈没当日の朴大統領の所在を問うた産経新聞のコラムに、大統領への「悪意」がないのは明らかです。

報道の自由を保障する、民主主義国家としての当然の対応を、日本だけでなく国際社会は期待しています。

諸外国からの批判をものともせず、現政権が強権的にナタをふるう様子は、わが日本の今の姿とどこかにかよったものを感じますが、やはり日本も韓国同様、「位相」を落としているのです。

今回の問題について、韓国には日本を反面教師にしながら、民主主義国家の常識に沿った決着を願うばかりです。

韓国の学術会議で起きたこと

韓国人は自らの「位相」という世界観は別にして、しばしば「日本人はホンネとタテマエを使い分けるので、本当のところ何を考えているのかわからず、信じられない」と、批判します。

例えば日本の歴代首相が、戦時中に犠牲になった韓国人や慰安婦にお詫びの意を示しても「本気で詫びているのかわからない」「本心は悪いと思ってないはずだ」などと言います。

本音と建て前の使い分けが巧みなのは、日本の国民性のひとつでもあるので、当たらずといえども遠からずな部分はあると思います。

しかし、「日本」に対して本音と建て前の差が大きいのは、韓国のほうでしょう。それも日本人よりもっと複雑な、理解しづらい使い分けをしています。

2014年の春に、こんなことがありました。

私は韓国の嶺南《ヨンナム》大学に附設されている「独島研究所《マママ》」が主催する学術会議に、研究発表のため招かれました。嶺南大学は事実上、朴正熙元大統領が建学した大学で、朴槿恵大統領も一時理事長を務めていたことがある私立の名門です。

会議は「安倍政権の右傾化と島根県第3期竹島問題研究会編『竹島問題100問100答』批判」と名づけられていました。案内のパンフレットには竹島の写真が大きく掲載されています。せめて「安倍政権の領土政策と日韓関係の現状」とでもすればいいものを……「安倍政権の右傾化」では学術会議というより、決起集会のようだなと内心思いました。

とはいえ会議を後援していた教育省と韓国研究財団（日本の文部科学省と日本学術振興会に相当）が、日本への一方的主張や断罪のためにこの場を設けるわけがないと、大学の理性に期待しました。

会議の報告者は6人、討論者は8人で、日本人は私ひとりでした。完全にアウェーの空気です。さながら「斥候」「スカウト」の心境で、研究発表に臨みました。

先方から私に課せられたテーマは「安倍政権の右傾化と日韓関係」でした。私にそのテーマをふる時点で、どうも偏向した意図を感じたのですが、ここは注文をつけず、あえてそのまま引き受けました。

報告のタイトルは「『安倍政権の右傾化』が問題なのか」と付けました。

「史上最悪の日韓関係」という現状評価は、日韓ともに大方一致しています。しかし、なぜ悪化したのかという要因分析では、両者ともに食い違いが大きい。だからこそ結論ありきで臨むのではなく、相互に、対抗仮説や批判に開かれた姿勢で検討する必要があると、私は示したいと思いました。

報告では、日韓対立の要因は安倍政権の右傾化や歴史問題ではなく、国際的な構造変化に対する日韓間の認識ギャップと、それぞれの政策対応の違いにあると主張しました。

日本は米中対立や日中対立が半ば必至であると認識し、それに対抗するべく「日米韓」

という安保連携を重視している。他方、韓国は「韓米日」より「韓米中」に傾くなかで、米中対立に拡大しかねない日中対立や、それを引き起こす恐れのある「日本の右傾化・軍国主義化」を憂慮している。そういった戦略レベルから生じている複雑な齟齬《そご》を、歴史問題などがカバー（偽装）して問題の本質を見誤らせている側面があるのではないか、と踏みこんで論じました。

さらに政治や外交の世界では「正解（answer）」よりも、当事者すべてが受け入れることができ、長く安定する「均衡解（equilibrium）」「落としどころ」をともに探ることが重要である、とも論じました。

韓国は日本に対して「正しい歴史認識」や「真実味のあるお詫び」を求めていますが、韓国側だけにとっての「正解」では日韓関係における「均衡解」にはなりえないのです。日韓両方の社会で広く受け入れられるものでなければ、両国関係を今後、中長期的に安定させるものにならない、と指摘しました。

そもそも現状は相互不信です。

両国とも「相手に原因がある以上、それを変えるには相手がまず動くべきだ」と認識しています。その状態が持続したまま、一方的に導き出される「正解」が相手側との間で「均衡解」になるはずがありません。

現在の相互不信は「日本の右傾化」だけが要因なのではなく、日韓両国の戦略的認識がズレていくなかで生じた、避けられざるある種の「不均衡」ではないでしょうか。そのような現状に対する分析を発表しました。

すると、ある韓国の報告者から唐突に、「2000万人のアジア人を犠牲にした過去に対する謝罪はないのか?」と非難されました。

私は呆気にとられてしまいました。

要は、日韓の現状を学術的に討論する場であるにもかかわらず、日本人である私が第2次大戦中の戦争犯罪に対して「謝罪」の意を表明することが、いちばん求められているようでした。

正直、「『安倍政権の右傾化』は問題ではないのか?」という批判まではあらかじめ想定していました。私は「少なくとも安倍政権の右傾化『だけ』が問題ではない」という反論を、いくつかの筋立てで準備していたのですが、そんなことにその人の関心はなかったようです。

謝るか、謝らないか。

大学の研究者の集まりで、まさか「謝罪」を求められるとは、夢にも思っていませんでした。

あまりに外在的な攻撃で、これは学術会議ではなく公開裁判なのか？　と唖然としてしまいました。

さらに会議が終了し、メンバーたちの記念撮影時のことです。

私は前列の中央に促されて、座らせてもらいました。しかし誰かが、「ドクトヌン　ウリタン（独島はわれらの地）と唱和しよう！」と言い出しました。「えっ!?」と、またも驚きました。

日本の民間人である私をその場に入れて、領土問題の機微にふれる宣言を唱和することが、いったいどんな大変な意味を持つのか……わかっているのかどうか、すごく不安になりました。

しかし、さすがにマズいと思ったのでしょう。誰かが「日本の方もいるので……」と口をはさんだことで、唱和はなくなりました。

撮影のかけ声は「はいキムチ」へと変わり、その場は収まりましたが、私の内心にはモヤモヤしたものが残りました。

多様性許容の範囲に差がある

公式レセプションが終わり、夜も更けてきました。

私は韓国のメンバーの方数名と、2次会に出かけました。ここ数年、韓国は健康ブームとなっています。お酒が好きな韓国人同士でも、2次会では、爆弾酒（ウイスキーとビール、あるいは焼酎とビールを混ぜ合わせたもの）ではなくワインバーなどで軽く乾杯だけにするのが主流です。しかしこのときは、何とカフェでお茶だけでした。日本人とは酒も飲みたくないということか？　と勘ぐるほどではないのですが、微妙な距離は保たれたままなのかと最初は感じていました。

2次会では、ソウルにある政府機関、いわゆる政権の〝ナカノヒト〟や、李明博前政権で大統領府の高官を務めた教授などから、相次いで慰労の言葉をかけられました。「独島の唱和とか、あれはルール違反です」「あんなのは気にするな」「地方の大学では最低限のプロトコルも徹底されていないだけだ」と慰められました。しかしせっかくなら、その場で言ってほしかったな……と思いました。

杯（といってもコーヒーですが）を交わしてだいぶ雰囲気がくだけてきて、韓国のメンバーの方々も日本の悪いところではなく、自国の問題点も指摘しはじめました。「韓国人は『ドクトヌン　ウリタン』と声高に主張するけれど、分析や論拠、証拠に欠けている。それは痛いほどわかっているんです」

「李前大統領の独島訪問は失敗でした。国際的に係争地域として宣伝したい日本に、むしろ手を貸してしまった。流れとしては韓国が不利になる」

「独島に対して主権を行使している側が、逆に感情的になることで、自らの圧倒的な優位性を見失っています。そうなると当事者以外の第三者にどのように映るのかが、ないがしろにされてしまう」

なるほど、なるほど。教養があり広い世界を知っている方々は、自国を突き放して客観視できるのだなと、少しだけ安心しました。このような視点は、日本にとっても「現に」「有効に支配」している尖閣諸島（外務省ウェブサイト「日本の領土をめぐる情勢」）の問題において、お手本としたいものです。

一方、韓国の本音のようなものも聞きました。

「独島研究は今や一大インダストリーなのです。特に独島が属する慶尚北道では嶺南大学も含めてすべての大学に独島研究所があり、それがメシの種になっている。道庁の担当課にも12人もスタッフがいます」と、実に率直に言われました。屈託がありません。

それはどうなの？　と意見したいこともありましたが、ぐっとのみ込み、合いの手を入れながら耳学問に徹しようと思いました。ここで議論しても意味はなさそうです。

とはいえ、きちんと言うべきことは言っておかなくてはいけません。

私は「日本の首相が『竹島は日本領だ』と政府の公式立場を表明することくらいは理解

しないといけない」と述べました。続けて、

「日本の首相の竹島発言については、韓国外交省の日本課長が日本大使館の参事官を呼び出して抗議してきたのがこれまでのやり方でした。それ以上は問題にしないというラインが、かつては守られていたはずです。しかし今では上のレベルの公使、さらには大使を呼び出して、しかもその様子をカメラに撮らせるようになっています。国際社会のルールとして、これはおかしいとは思いませんか?」と韓国側の問題点を指摘しました。

するも韓国メンバーは、やや苦い顔で返しました。

「韓国でも、いまナショナリズムが強くなっています。外交政策の決定においても世論に引きずられるようになった。特に対日政策はそうです」

「それは日本も同じですが、せめて皆さんのような世論指導層には、こうした話を公の場でこそしてほしい」

と私が言うと、即座に、

「〝親日〟という烙印《らくいん》が押されるとクビになるので、それだけはできない」

と、ピシャリと言われました。これが韓国のオピニオン・リーダーたちの正直な「本音」であり限界なのでしょう。

ほとんどタブーがなくなったといわれる韓国社会ですが、唯一残っているのが「日本」

なのだと思います。

日本について、公の場で論じられる内容は狭く、紋切り型で教条主義的になっています。「独島は韓国領」という本を韓国人と一緒に出版する日本人の国立大学教員や、「独島を友情島として韓国領に」と提言するジャーナリストがいる日本とは、まるで異なる言論空間だといえます。

外務省は韓国を「我が国と、自由と民主主義、市場経済等の基本的価値を共有する重要な隣国」と定義しています。しかし異論や多様性を許容する自由の度合いには、かなりの差があるようです。

慰安婦問題に表れた日韓の思想の溝

日本と韓国との間で、それぞれの見解が最も大きくかけ離れている問題といえば慰安婦問題でしょう。

先にも述べたとおり、1965年には日本と韓国の間で日韓基本条約や日韓請求権協定が締結されています。この際に、慰安婦に対する補償もお詫びもすべて済んだ「はず」であるというのが、日本の一貫した主張です。

ではなぜ近年これほどまでに顕著な問題となっているのでしょうか?

1965年の合意という包括的な「ルール」が、東アジア全体、ひいては世界情勢の変化によって、次第に成り立たなくなりつつあるという現状を見ていかないといけません。

そもそも慰安婦という存在は、1980年代まで日韓の間では、ほとんど知られていませんでした。そこに1991年に、金学順《キムハクスン》さんが日本軍の慰安婦にされたとカミングアウトし、問題が顕在化しました。日本は追い込まれるように河野談話を発表し、強制連行はなかったものの、移送や管理など「総じて本人たちの意思に反して行われた」と認めました。そして、アジア女性基金設立など人道的な措置へと、つながっていきました。

日本側は慰安婦問題についてあくまでも「日韓請求権協定で解決済み」というスタンスです。しかし韓国の立場から見れば、協定は戒厳令下に結ばれたもので、「そんなものは認めない」という心情があることは、推してはかれます。

1910年の日韓併合条約とその後の植民地支配は、いまの大韓民国憲法の核心的価値と、全面的に衝突するとみなされています。そのことをはっきりさせなかったので「1965年の条約や協定をすべてやり直したい」という意見が出てくるのは、無理からぬことです。

ですが日本の立場としては、いくら憲法とはいえ、一国内の話をいまさら持ち出されても困る、としかいいようがありません。事の正否を論じる以前に、大もとの基本的な論理が違うのだから、かみ合わないのはしようがないと思います。

韓国側が、慰安婦問題をいまになって問題にする理由には、いくつかあります。日韓請求権協定はたしかに締結されていますが、それはあくまでも国家間での取り決めです。国家には、一般の人である慰安婦の個人としての請求権まで放棄させる権限も資格もない、という主張です。

強行規範、ラテン語では「ユス・コーゲンス」という考え方があります。いくら当事者同士が合意したとしても、決して成立しない合意があるということです。例えば「お前は奴隷になれ」「わかりました」という合意があったとしても、それは公序良俗に違反しているので、そもそも成立しないのです。当然、不当で不法で無効ですから、請求権が発生します。「性奴隷」というのはまさにこのユス・コーゲンス違反にあたるというのが、韓国の論理です。

肝心なのは、慰安婦がこの「奴隷」にあたるのかどうか、という点です。本人の自由意思に反していたのかどうか、ポイントはここです。

近年、慰安所の管理に関わった当時の韓国人の日記が出てきました。慰安婦問題が表面化する前に書かれた日記ですので、後知恵で書き込まれた部分はないと思われます。そこには、慰安婦を管理する側の見方がつぶさに記載されていました。動員の段階で「強制はなかった」が「廃業の自由はない」、「本人の意思では辞められない」けれど、中には「額面上は多額の報酬だったが実際は使えなかった」「日本兵と恋に落ちる人もいた」といった内容です。日本と韓国、どちらにとっても都合よく使える内容ではありませんでした。

この日記は、慰安婦問題が歴史の中で複雑にからみあい、いまとなってはそう簡単に解きほぐせない構図に陥ってしまっていることを物語っています。

国際基準で見る日本の対処法のまずさ

慰安婦問題が深刻化していく過程では、日本の読みも大いに甘かったと思います。問題が「発見」された頃、韓国は民主化直後で、軍人上がりの盧泰愚《ノテウ》から金泳三《キムヨンサム》という文民が統治する国へと急速に変化していました。そのなかで、女性問題がクローズアップされたのです。

折しも冷戦が終わり、各地では民族紛争が起こり、紛争下の人権問題が国際的に注目され始めていました。韓国内の変化と国際的な変化が符合し、「紛争下の女性の人権問題」として一気に「普遍化」していったのです。

蒸し返されるという言葉は悪いですが、日韓間で慰安婦問題が追及される流れになることは、国際感覚に敏感であれば、ある程度は予想されたことでしょう。火消しの策となる有効な先手を、日本はほとんど打てませんでした。政治的なカードの切り方に読みの甘さと怠慢があったのは、認めないといけません。

日本側としては、「強制連行はなかった」「日本だけでなく、戦争中にはどこの国もやっている」「なぜ日本だけが責められるのか」という論旨で、対抗しようとしています。また1965年の合意を盾にして、「文明国家が遡及法を許してもいいのか」とも主張しています。

いちいちもっともではあるのですが、正直、賢明な対処法ではない。

国際社会のいまの「ゲーム」のなかでは、かなり劣化した「ルール」です。とてもではありませんが通用しません。

時際法《じさいほう》（そのときのことは当時のルールで裁くべきという原則）はたしかに、国際法の大原則です。しかし「人道的に見すごしてはならない」「人権問題は人類普遍の問題だ」というのが、国際社会のメジャーな「ルール」となっています。

例えば日本人が広島と長崎に原爆を投下されたことについて、アメリカ側はあの東京裁判でまったく裁かれていませんが、国際社会ではやはり、アメリカが強い批判の対象となっています。またベトナム戦争で韓国軍は積極的にアメリカ軍に協力してベトナムに駐留、現地女性とのあいだに数千から数万人ともいわれる私生児、いわゆる「ライダイハン」を現地に残しています。これも長い間不問とされてきましたが、韓国大統領が以前ベトナムを訪れたとき、韓国の女性団体などは「ベトナム参戦やライダイハン問題について大統領は謝らなかった」と、激しく批判しました。

これが国際社会の基準です。

戦争によって占領した地域の女性を陵辱《りょうじょく》するなど、人権の観点からみて大きな罪を犯した国は、たしかにたくさんあります。欧米諸国には、その点でスネに傷を持つ国が少なくありません。日本の「ほかの国もやっていた」というのは、それらの国の罪まで浮きぼりにすることになります。どこからも歓迎されるものではありませんし、同意されるはずがない。

「うちだけじゃなくて、よそもやっていたことでしょ」という理屈は、日本がイニシアチブをとって相手を黙らせる「ルール」にできるかというと、まず無理でしょう。

慰安婦問題で最も日本を不利にしているのは、強制連行の有無でも朝日新聞による誤報でもなく、いまの国際社会のなかでは普遍的な人権問題として受け止められていることです。

そこに関しては韓国のロビー活動が、何枚も上手《うわて》でした。

1990年代以降、国連をはじめ欧米諸国の人権組織に対して、かつて日本軍によって韓国の民間女性たちが性奴隷にさせられ、人権が侵害されたというアピールを続けてきました。それも世界的に影響力のある団体や個人にピンポイントで接触していきました。日本の関係者などは「告げ口外交だ」などと揶揄《やゆ》していましたが、結果的には功を奏したといえます。

慰安婦問題は、ルワンダの大虐殺ほどではないにしても、旧ユーゴやアフリカの内紛地帯の集団レイプとまったく同列に見られています。「旧日本軍＝野蛮な軍隊」というイメージが、定着しているのが現実です。

２０１４年、日本政府は慰安婦問題をめぐり、１９９６年に国連人権委員会（当時）が採択した「クマラスワミ報告」について、特別報告者のスリランカ人法律家ラディカ・クマラスワミ氏に対し、内容の一部撤回を申し入れました。朝日新聞が「吉田証言」は虚偽だったとして計16本の記事を取り消したことを受けての対応です。

政府がクマラスワミ氏に撤回を求めたのは、旧日本軍が韓国・済州島《チェジュド》で慰安婦を強制連行したとする吉田清治氏（故人）の証言を引用した部分でした。しかし、クマラスワミ氏は「吉田証言は報告書作成に当たっての参考文献の一つにすぎない」と述べ、撤回に応じませんでした。

この対応にこそ、いまの国際社会の基準となる「ルール」が明確に表れていると思います。

慰安婦になる「入口」だけでなく、なった後の慰安所での実態、「出口」はあったのかどうか、出ようと思ったら出る自由があったのかどうか、が重要なのです。問われているのは、基本的人権について、それぞれの国や政治リーダーが鋭敏な感覚を持っているかどうか。

そこにおいて日本は、残念ながら国際的な信用を、ひどく落としています。

慰安婦問題について、どう考えるべきか

一方、日本はこれまで戦時中にさまざまな被害に遭った女性たちを、まったく放置してきたわけではありません。

1965年の日韓国交正常化の際に、経済協力として5億ドルを供与しています。これは当時の韓国にとっては、1年間の国家予算にも相当する莫大な金額でした。その後近代化を推進する貴重な財源になりました。日本は当初個人に対しても支払うという姿勢を示していたのですが、韓国側は政府による一括受け取りを希望して、そのように合意したという経緯があります。それをどう使うかはあくまでも韓国国内の問題だったのですが、個人にはほとんど配らず、製鉄所や高速道路など国の基幹インフラに集中的に投入したとい

う事実は、韓国側にも認めてほしいものです。

また自民党と社会党（当時）の連立だった村山富市政権のとき、日本政府はアジア女性基金を設立しました。形式上民間の基金ということになっていますが、その運営には政府資金が相当投入されています。償い金は国民からの浄財によるものでしたが、医療・福祉事業には完全に公金が充てられました。アジア女性基金は慰安婦の方々との和解の道をなんとか探ろうとしていたのです。

加えて、歴代首相の名のもと、慰安婦の方々へのお詫びの手紙が一人ひとりに渡されています。

全文を引用します。

元慰安婦の方々に対する　小泉内閣総理大臣の手紙

拝啓
このたび、政府と国民が協力して進めている「女性のためのアジア平和国民基金」を通じ、元従軍慰安婦の方々へのわが国の国民的な償いが行われるに際し、私の気持ちを表明させていただきます。
いわゆる従軍慰安婦問題は、当時の軍の関与の下に、多数の女性の名誉と尊厳を深く傷つけた問題でございました。私は、日本国の内閣総理大臣として改めて、いわゆる従軍慰安婦として数多の苦痛を経験され、心身にわたり癒しがたい傷を負われたすべての方々に対し、心からおわびと反省の気持ちを申し上げます。

我々は、過去の重みからも未来への責任からも逃げるわけにはまいりません。わが国としては、道義的な責任を痛感しつつ、おわびと反省の気持ちを踏まえ、過去の歴史を直視し、正しくこれを後世に伝えるとともに、いわれなき暴力など女性の名誉と尊厳に関わる諸問題にも積極的に取り組んでいかなければならないと考えております。

末筆ながら、皆様方のこれからの人生が安らかなものとなりますよう、心からお祈りしております。

敬具

平成13（2001）年　日本国内閣総理大臣　小泉純一郎

首相自らが、過去の惨禍について反省し、誠意をこめて、元慰安婦の方々に謝罪の意を示しています。これだけきちんとしたお詫びの手紙を公式に発表している国家は、それほどありません。

文面を知ると、「日本はそれなりにきちんと謝罪をしていたのですね」と語る韓国人も少なくありません。

日本人が慰安婦問題において「ちっとも謝っていない」「何も誠意を示していない」というのは、まったく見当違いです。

国際社会の「ルール」に準じた、それなりの誠意と謝罪を繰り返してきました。残念なのは、そういう事実が一般の韓国人に、ほとんど伝わっていないということです。

その結果、慰安婦問題が、いまになって別の「ルール」のもとで裁かれだしている。つまり日韓2国間の外交問題ではなく、「紛争下における女性の人権問題」として、グローバル化、普遍化しているということです。

この流れを止めることは、現実的にはもはや難しいと思います。

先のクマラスワミ氏の対応からもわかるように、日本が「セックス・スレイブ（性奴隷）」を女性たちに強要していたというとらえ方が、すでに固定化してしまっています。日本はそれに対して「よその国も同じようなことをしていたではないか」という論で対抗しようとしていますが、前にも述べましたように、現在の国際社会の「ルール」のなかでは効果がありません。

そこで、提案します。

日本に求められるのは、世界のなかで道徳的リーダーシップをとること。

つまり総括的な謝罪の姿勢を、あらためて政府が国際社会にきちんと示し、戦争犯罪や人権侵害を今後「決して許さない」道徳国家であることをアピールすることが、日本の信頼と威厳を取り戻す、唯一の方法ではないかと思います。

戦後の平和国家ニッポンを国際社会にアピールする

道徳的大義に立ち戻るアピールで成功したのは、ドイツです。

アウシュヴィッツの絶滅収容所など第2次大戦中の負の歴史を抱えるドイツは、「ルクセンブルク協定」の調印、「連邦補償法」に則った賠償金の継続的な支払いなど、過去の過ちと徹底的に向き合っています。これまでにナチスに殺害された遺族たちへ支払われた金額は、10兆円以上に達しているといわれます。またドイツの主要な政治家たちがアウシュヴィッツの絶滅収容所跡や、ホロコースト記念碑を訪れ、犠牲者に追悼と謝罪を述べることは、ほぼ通例となっています。

ドイツは第2次大戦後、「ユダヤ人の味わった苦しみは、永遠に償いきれない。金で解決できるものではない」という国家の姿勢を崩していません。

ドイツは国土を外国に囲まれ、資源が少なく国を維持するには貿易に頼らざるをえませんでした。「戦争は我々の過ち」「賠償はいとわない」というアピールなくして、隣国からの支援協力、何より国際社会への復帰、ヨーロッパの一員としての承認を得られなかったという政治的事情も、あったとは思います。

しかし継続的な謝罪姿勢の結果、ドイツは「道徳国家」としても、各国から一定以上の敬意と評価を集めています。

一概にそのとおりにするべきとは言いませんが、ドイツの謝罪の歴史から習う面は、いくつもあると思います。

まず犯したことは、犯したことと認める。

事実関係がどうこうという段階ではなく、国際社会の「ゲーム」はもう「日本が罪を認めて、きちんと謝れる道徳観や人権センスを持っているか」を、注視するステージに移っています。

「強制連行はなかった」「性奴隷ではなく売春婦にすぎない」「朝日新聞とクソサヨクによる捏造《ねつぞう》だ」と主張する人たちは、どうも外交交渉や人権問題というより、ただ「頭を下げたら負け」みたいな感覚があるように見受けられます。

謝ってしまって、何がいけないのでしょうか？

プライドの問題だとしたら、無用です。プライドでは事が進みません。

たしかに元日本兵だった自分の祖父や曾祖父が、戦地で女性をレイプしていた、人権を犯した犯罪者だったというのは認めがたいことだと思います。

しかし、「私」と祖父は、別の人格です。

あのときのことは心から謝りましょう。いまは、新しい「私たち」の時代です。憲法も文化も、日本という国や日本人さえもがすべて生まれ変わりました。

「生まれ変わった私たちと、過ちを繰り返さない、違う新たな未来をともにつくっていく努力をさせてください」というのが、相手に最もストレートに受け入れられる、謝罪の姿勢ではないでしょうか。

プライドではなく外交戦略の話である

重ねて言いますが、強制連行がなかったとか、ある証言が捏造だったとか、どっかの国の新聞業界内部の部数争いとか、誤解を恐れずに言えば、そんな「ちんまい」ことが、国際的な争点になっているわけではありません。

2014年の後半に巻き起こった、朝日新聞による吉田証言の誤報確定の騒動は、日本では大きく報道されました。しかし韓国などアジア諸国だけでなく欧米でも話題にしたところは、ほとんどありません。たいていの国にとっては、「So what?（だから何だというのか？）」という程度でした。トータルで悲惨な人権問題だという認識はまったく揺らいでいないわけです。むしろその後の対応をめぐって、日本はやはり「修正主義国家」なのではないかという疑惑が強まっています。

慰安婦問題について、世界的な認識では「かつて日本は民間人をその意に反して性奴隷にし、人権を侵した」となっています。アメリカの議会下院を経てオランダ、カナダ、EU議会でも、その認識が広まっています。これはもう何をやっても、ひっくり返せない。たとえ「日本軍による強制連行はなかった」と説明を重ねたとしても、そもそも問題にしているところ自体が根本から違うので、無意味です。

だとしたら早いうちに、事態を収拾する道を模索するのが外交として得策。それが成熟した「リアリスト」国家だと思うのですが、どうでしょうか。

善し悪しや好き嫌い、正しいか誤っているかだけでなく、損するか得するかという軸でも考えたいところです。

受け入れがたいことを受け入れ、きっぱり反省しています、という姿勢を貫くのは、国際的に高い評価を集めます。

ここはひとつ、「ゲーム」の流れを再び日本に引きよせるため、別の基準でプライドを再構築するべきではないでしょうか。

プライドという名の「メンツ」にいつまでもこだわっている国家は、えてして尊敬されません。だんだん疎まれます。人間と同じです。

「国家のプライドを守らなければいけない」調の主張は、ピンぼけで危ない。外からは、戦時中に慰安婦を虐げていた時代の日本と、いまの日本が「つながって」いるように見えてしまいます。そこを韓国は、うまく突いて国際的な流れに乗り、中国と共闘しているような状態です。

私が述べているのは、国家の誇りや日本人のプライドの話ではなく、外交戦略の話です。

帝国日本といまの日本政府が「つながって」見えているうちは、日本の国際社会での不利な状況は続きます。その「つながり」が、もうとっくにないことは、日本人なら誰もが知っているはずです。

旧体制との「つながり」が断ち切れていると、世界に向けて証明する方法を模索することが、私たちにとっていますぐ取り組むべき課題でしょう。

第5章　韓国は北朝鮮との統一を果たせるか？

失態が続く日本の国際的パフォーマンス

前章では、国際社会へのアピールは韓国のほうがうまくいっていると述べました。逆に言うなら、日本が下手すぎるということです。

典型的な例が、２０１４年9月にスロベニアのポルトロージュで行われた国際捕鯨委員会（ＩＷＣ）の会合です。

日本からは森下丈二ＩＷＣ日本政府代表、香川謙二水産庁次長、平山達夫外務省経済局漁業室長ほか政府関係者が出席しました。日本からの提案は、調査捕鯨という名目での北西太平洋ミンククジラ捕獲枠（道東沖及び三陸沖において17頭）の許認可でした。

会合では各国出席者による投票議決となり、結果は「否決」でした。勝ち負けでいうと、日本の負けです。

この年の3月に、南極海での捕鯨について「調査というには科学的根拠に乏しく、食用が目的だ」として国際司法裁判所で中止命令が下されたばかりで、捕鯨の根拠も揺らぎ、調査できる海域も狭まっていたところでした。残念な結果だったと思います。

この「否決」を受け、自民党の二階俊博総務会長や捕鯨議員連盟の議員たちが、党本部の食堂でクジラ肉を使ったカレーや竜田揚げを食べるパフォーマンスを報道陣に披露し、捕鯨の再開を訴えました。

二階氏は古くから捕鯨の歴史がある和歌山県選出の議員です。「クジラは日本の食文化に欠かすことはできない」と主張する二階氏の指示により、党本部食堂にはクジラカレーがメニューに加えられました。

あれはもう本当に、ダメなプレゼン。最悪のやり方です。

海外でも二階氏ほか議員の方々が、嬉々としてクジラ肉を食べている姿がAP通信などでニュース配信されました。当然、非難の嵐です。一部メディアでは「日本の伝統だと言いながら、どうしてカレーなんだ?」と失笑まじりに報じられています。

そもそも日本は現在「調査捕鯨」という名目で、クジラを獲っています。生態データを収集するための科学的活動としている。そのなかで肉が破棄されるのは忍びがたいので、食用に利用させてもらっている、という建て前です。

もちろん実態は食用がメインなのかもしれませんが、それでは国際社会の賛同が得られないので、科学的活動なのでお目こぼしください、というのが日本の守ってきた「ルール」でした。

なのに、ここにきて「食文化だ」「日本の伝統だ」と与党の大物が主張すると、論理がおかしくなる。ちょっと待てと、そっちが言い出した「ルール」はどうしたの？　と突っこみが入るのは当然です。

加えてクジラの捕獲枠が認められない、ならば食べてみせる、というパフォーマンスは、外国から見たらひどく乱暴に映ります。人気コミック『美味しんぼ』のなかで、捕鯨反対の西洋人に、クジラだとわからないように料理した肉を食べさせて、日本の鯨肉文化の素晴らしさを説くエピソードがありますが、こういうだまし討ちは海外ではものすごく卑怯な行為に思われます。本当にやったら、訴訟されてもおかしくありません。

日本は傾向として、わが国に不利と思われる国際社会の取り決めに対し、伝統とか文化とか、ある種「こころ」の部分で対抗しようとします。思いどおりにならなかった結果に対して、情緒に訴えてしまうのです。それこそ日本の伝統芸のようになっていますが、効果を発揮する場面は、まずありません。むしろマイナスです。

二階氏のケースについて、ある関係者から話を聞きました。さすがに自民党の周辺もマズいと思ったそうですが、「クジラ食の伝道は、二階さんのライフワークみたいになってるから」「パフォーマンスをやると言い出したら誰も止められない」と、放っておかれたと言います。それもまた日本のダメな一面でしょう。

こういったピンぼけのアプローチに頼っている場面が、日本は近年すごく目立ちます。

朝日新聞の吉田証言誤報問題も、ウヨクは「ほら見たことか！」「日本の無実が証明された！」と声高に叫びますが、本人の意思に反した行為を戦時中に行っていたという「人権を侵したニッポン」のフレームは、少しも揺るぎません。

安倍首相ほか主要閣僚による靖国神社参拝も同じです。時の総理大臣としては「行かない」選択をとるのが、いまの国際社会へのプレゼン戦略としては有効のはず、というより「行かない」以外はないはずなのに参拝を強行しました。中韓だけでなくアメリカからも示された非難に対して、国内では「日本人の精神を守る」とか、「内政干渉だ」などという反論が上がります。これもピンぼけ。どんな言い分があるとしても、首相がA級戦犯を祀《まつ》っている靖国神社に詣でるというのは、アジア各国の戦争被害者たちを著しく傷つけ、戦後の国際秩序の根幹を揺るがせ、「戦争を反省していないニッポン」のイメージを図らずも固定化してしまっているのです。首相サイドがどのような理由を言ったとしても、諸外国からはヒトラーの墓（そんなものはありませんが）をドイツの大統領や首相がお参りしているのと同じように見えています。

是非はともかく、それが国際社会の「ルール」なので、敗戦国としては致し方ないところがあります。

もちろんその「ルール」に従ってばかりもいられないという思いもありますが、いまの日本が「ルール」に背いてでも自らの正義を貫くことが、はたして賢いやり方なのか？大いに疑問です。

だいいち普段、日本の一般人は靖国神社へ、しょっちゅう行きますか？伊勢神宮や出雲大社のほうが、参拝客は多いのではないでしょうか。

クジラの肉も、そんなに食べますか？

味は牛肉のほうが美味しいし、安い。家畜肉よりクジラ肉をたくさん食べている家庭なんて、ゼロでしょう。食用以外には、脂やヒゲの一部を工芸品に使用するぐらいです。

和歌山県の太地など沿岸の伝統漁は別ですが、主幹産業でも何でもないのに、クジラを外洋まで追いかけていって「調査」の名のもと、大量に「食用」にしている日本は、明らかにどうかしていると思われているわけです。

日本人のプライドだとか、こころの問題では、とても対抗できなくなっています。

科学的調査だという証拠を示すのではなく、これが我々の食文化だと開き直っても、通じないでしょう。

その点、韓国はかなりうまく「ルール」を利用し、プレゼンを展開していると思われます。

プレゼン戦略では韓国に大きく負けている

この20年ほどのグローバル化の波を受けて、世界の「ゲーム」の「ルール」は激変しました。東西冷戦は終結して、通貨統一などを経てヨーロッパ諸国のパワーバランス構造が変わり、中国がプレゼンスを増し、アフリカの開発に先進諸国が先を争って乗り出すなど、情勢は複合的に、目まぐるしく変わり続けています。

「ゲーム」そのものが違うものになっていく以上、「ルール」も変わらざるをえません。それまで有利だった国がいきなり不利になったり、逆もしかりです。そういった流れを、日本は読みきれていなかった面が、多々あります。

韓国もうまく読みきれていたとはいいがたいのですが、日本より少しだけ「ルール」の先読みに長けていたといえるでしょう。

アメリカの知日派の研究者であるケント・カルダーは、著書の中で「米国政治の中枢ワシントンDCの中で、ソウルや北京と比べると東京のプレゼンスが希薄だ」と厳しくも温かく忠告しています。アメリカのなかで、日本の存在感や影響力は韓国や中国より劣っていると言うのです。加えて「アジアではシンガポール、フィリピンのマニラ、さらにはベトナムのハノイにさえ負けている」と指摘しています。

なぜこんなにも日本は、韓国の後塵《こうじん》を拝することになってしまったのか。実はこの20年ほど、韓国は人材やお金など持てるリソースを、ワシントンDCに集中的に投入していたからです。

ワシントンDCにはホワイトハウス、連邦議会、主要な大学、シンクタンク、メディアがあります。アメリカの世論を形成する主導的な役割を果たしている人々が、この地に結集しています。そこにいるたかだか200人だか300人ほどのオピニオン・リーダーたちを動かせば、アメリカという国の政治的比重を、うまく「自分たちの方」に傾けることができるわけです。

韓国はひと昔前から、ワシントンDCをターゲットに据えて、研究所を設立したり、ロビイストを雇ったり、将来有望な留学生を送り続けたりしてきました。

国の意思を動かすには、その国の世論をかたちづくっているメカニズムやキー・パーソンをしっかり見きわめ、そこをピンポイントで攻める。これが今日の「ゲーム」の「ルール」に合致した、非常に効果的な戦略です。

一方、日本はというと、東京が1960年からニューヨークと姉妹都市提携をしています。人口規模から考えるとアメリカの最大都市かもしれませんが、アメリカの政治的な意思を決定している街かといえば、そうではありません。ワシントンDCは60万人程度の都市ですが、アメリカのブレーンたちが結集し、国全体を左右する街です。この地と密接な関係を結ぶということは、アメリカという国のリソースに、リアルタイムでアクセスできるということです。それを見越したのでしょう。韓国のソウルと、中国の北京の姉妹都市は、ワシントンDCです。

「ルール」を読んで考えれば誰にでもわかることなのですが、日本は後手に回りました。ワシントンDCで仕事しているアジア人は圧倒的に韓国人か中国人です。昔はもう少しいた日本人留学生も、あまり見かけなくなっています。

実は日本は韓国に先んじて、1957年には早くも日本経済研究所（JEI）というシンクタンクをワシントンDCに設立し、強固な日米関係の象徴となりました。しかし諸事情で、2005年に閉じられました。一方、韓国は日本の後を追うかのように、韓米経済研究所（KEI）を立ち上げました。そこは「性奴隷」などのフレーミングを用いて、アメリカのポリシー・サークル（政策決定者のグループ）に対し、重点的に慰安婦批判をPRしたり、「独島は韓国領」だと主張する拠点になっています。

この韓米経済研究所は、ほとんど日本経済研究所のモデルを踏襲するかたちでつくられています。日本のノウハウを応用しながら、日本バッシングをアメリカ国内で繰り広げられるようになったのは、笑えない皮肉としかいいようがありません。

ちなみに日本経済研究所のホームページですが、2005年に閉じたのに、いまだにウェブ上に残っています。ぜひ検索してみてください。消せばいいものを、2000年代初めにつくられたウェブ1・0時代といっていいぐらい古いレイアウトのままで、残っています。まさに負のレガシーそのものです。

これに対して韓米経済研究所のホームページのほうは、お金と手間暇をかけてコンテンツをつくっていて、適時アップデートされるなど、ウェブ3・0時代といえるクオリティです。

KEIというネーミングからして、JEIの「日本（J）」を「韓国（K）」に変えただけなのは明らかです。それはそれでかまわないのですが、その後の展開の仕方に雲泥の差が見られます。アメリカのなかでも比較対象になっているでしょう。

ワシントンDCに限った話でいえば、東京とソウルのプレゼンスは完全に逆転してしまっています。日本は、「韓国は告げ口外交をするな」ではなく、むしろ積極的に韓国にならって「第3者に向けたアピール」をするべきでした。

韓国がなぜそのような戦略をとり得たのか。リソースが日本ほど豊富にはないことを自覚していたからです。

アメリカへのプレゼンに関しては全方位的な攻め方をせずに、効果の期待できるポイントへ集中的にリソースを投下していきました。それが「ゲーム」を有利に進めていくために最善の戦略である、と読んでいたのです。

こと慰安婦問題に対しては、日本も同じような戦術で先手をとるべきでしたが、遅きに失した感があります。

日本は、国際的な「ゲーム」に対する認識が、ややズレているような気がします。戦いの舞台は、日韓2ヵ国の間だけにあると思いこんでいた。しかし舞台はすでに、アメリカをはじめ国際社会に移行しています。日本が吉田証言の捏造の証明とか、そんなことに躍起になっているうちに、韓国は見事に国際世論を味方につけました。

「ゲーム」のイニシアチブをとるためには、ワシントンDCというボウリングの1番ピンを見定め、それを目がけてボールを投げなければいけなかったのです。

そのピンを目がけて、うまくボールを投げられたのは韓国で、日本はずっとボールを投げ続けていたつもりでも、7番ピンとか10番ピンとか、当たっても1本しか倒せないターゲットを狙っていたのかもしれません。それではストライクはとれません。

慰安婦問題は、冒頭で述べた「勝てるところに集中的に投資する」という韓国の戦略が見事に功を奏したと思います。

韓国人は、どこにいても声が大きいといわれます。あれは自らの存在を誇示しているのではなく、大声で周りを引きつけて自分たちの味方にとりつける、という実は巧みな戦略のもとで行われていると見るべきです。

日本人にはうるさいだけかもしれませんが、味方づくりには、意外と役に立ちます。

韓国人は、声を出す方向を、実はわかっているということです。

韓国はイノベーターにはなれない？

国際社会へのプレゼンでは日本をややリードしていると思われる韓国ですが、実態はどのような姿であるのか。別の側面を見ていきましょう。

一般的にアメリカは物事をゼロから始める「イノベーター」の気質で、韓国はそれにいち早く適応する「アーリー・アダプター」だといわれています。

韓国は切り替えが非常に早い。いままで投資をしてきたビジネスでも、儲からないと見切りをつければ、しがらみにとらわれずたちまち別の投資に切り換えます。よくいえば、判断がスピーディだということです。

その特徴は小さな交渉のときにも表れます。例えばAという人物と約束をとりつけたいとします。普通は、Aさんに連絡をとって話し合ったりするのですが、韓国人はまず上役のBさんにアプローチします。そしてBさんから紹介を受けた上で、Aさんとの話し合いに入るのです。たしかにそのほうが、身元保証人がいる分、Aさんとの話は早く済みます。これはとても合理的で、サクサクと物事が進んでいきます。私も学会の調整などでは同じように、上役を攻めていく手法を使っています。

とはいえ、誰が誰に対して影響力があるのかをしっかりと見きわめ、その影響力がある人にどうやってアクセスするのか、というのはまた別の問題です。

韓国人は視点が、自分よりちょっと離れたところにあり、ズーム・アウトできる、ともいえます。自分自身を客観視して、いちばん速く行ける道を探す。それはアーリー・アダプターに特有の発想です。

俯瞰《ふかん》的に物事を考えるのは、韓国人の特徴のひとつといえます。ソウル市内を流れる漢《ハン》江《ガン》の南に広がる高級住宅街の「江南《カンナム》」に住む成金男の生態を皮肉った、PSY《サイ》の「江南スタイル」は、その俯瞰的視点が表れた秀逸なセルフ・パロディではないかと思います。

韓国がアーリー・アダプターの国になったのは、1965年の日韓基本条約が起点です。条約の締結により、莫大な資金が得られた韓国は、そのほとんどを製鉄所や高速道路の建設に注ぎ込みました。ゼロから何かをつくっていくときに、いろいろ分散させるのではなく、限りあるリソースを短時間で増やせる、スピーディな成果を目指しました。おそらくかつて帝国日本が満州でやろうとしていた国づくりをベンチマーキングしたのではないかと思います。

朝鮮戦争が終わったのは1953年で、それからまだ12年しか経っていない頃でした。当時の釜山《プサン》の周辺は、靴の製造などゴム産業を中心に復興しつつありましたが、世界銀行に借金を頼もうとしても、「車も走っていないのに高速道路なんかいらない」「軽工業がやっとなのに、重工業なんて早すぎる」と断られました。日本が世界銀行から借金して、1964年の東京オリンピックに新幹線の開通を間に合わせたのと対照的です。それが日本から資金や技術が入ることで一気に実現し、のちに韓国の基幹インフラとなる京釜《キョンブ》高速道路やPOSCOになるわけです。

製鉄業はうまくいきました。高度経済成長を遂げつつあった隣国の日本からの大量の発注だったり、新日鐵の技術供与を受けたり、追い風に乗って韓国の経済力は飛躍的に成長します。

そしてベトナム戦争です。アメリカは当時、戦争を起こした途端、支持があまり得られない状態で苦戦しました。それぞれ同盟関係にあった日韓両国に国交正常化を強く促すと同時に、戦争への協力を呼びかけたのですが、日米韓のトライアングルの複雑なダイナミズムを素早く見抜き、最も大きな支援をし、そこから利益を得たのが韓国です。派兵数ではアメリカに次ぐ規模で、延べ30万人以上をベトナムに送り、汗だけでなく血も流しました。一方、ベトナムで韓国兵が現地の女性たちに関係を強いて、大量の混血児、いわゆる「ライダイハン」が生まれ、深刻な問題になっています。

ともかく韓国は、ここでアメリカの信頼を取りつけ、米軍からも大量の物資調達を受注しました。朝鮮戦争が日本の戦後復興において起爆剤になった以上に、ベトナム特需に沸いたわけです。

国が近代的に成り立っていく過程を見るだけで、イノベーターではなくアーリー・アダプターとして実利を得てきた国だといえます。そうした発展戦略や歩みが韓国人の物事への取り組み方を、かたちづくったとも考えられるでしょう。

サムスンの成功も典型例です。スマホ事業を基幹として、世界トップクラスのグローバル企業に上りつめましたが、もともとはアップルのやってきたことの「模倣」「学習」です。アップルのようなイノベーティブな製品を送り出し、市場をアッと驚かせたわけではありません。Galaxyが世界で初めて5・5インチの大型画面を採用したといいますが、今度は逆にiPhone6でアップルにしてやられました。

よくも悪くも、韓国はアメリカや日本企業など周りの技術を借用し応用するセンスに長けています。他者のいいところを素早くつかみ、一点張りの投資をし、当たれば大きな実利を得ていく。アーリー・アダプターの発想が充分に活かされています。

いまのうちは成功していますが、不安も伴います。

グローバル社会は「ゼロ・トゥ・ワン」（伝説の起業家ピーター・ティールの投資哲学）、つまり何もないところから何かを生み出すイノベーション重視に移っているので、「ワン・トゥ・ツー」、すでにある何かを増やすだけだった韓国は危機感を覚えているでしょう。

それだけでなく、サムスンや現代《ヒョンデ》、大韓航空など大企業はオーナーの代替わりの問題を抱えています。立志伝中の創業者たちがいなくなった後、後継の息子や孫たちが有能かどうか、アーリー・アダプターの発想がいつまでも通用するのか、わかりません。自らイノベーションの中心となる何かを見出していかないと、あれだけ巨大な企業体を永く維持するのは難しいでしょう。世界中から人材を求めつつ、トップだけは世襲のままなのも、これからは問題になると思います。

そもそもサムスンや現代、POSCOは外資が半分ほど株を持っている会社なので、厳密には韓国企業とはいえません。銀行のなかには100パーセント外資の所有になっているところもあります。サムスンが伸びることとイコール、韓国の躍進であるととらえる向きもありますが、大きな誤解です。韓国国民の間でもサムスンは別格という扱いです。ともに貧しかった時期を乗り越えてきた、国民みんなの企業だという認識は幻想にすぎません。それなのに自分と同一視し、プライドをなんとかつないでいる人が韓国には多い。そういう人は日本にも、どこの国にもいます。

サムスンの内部も実情は、かなり過酷だといわれています。最後まで勝ち残れると給与面や待遇でリターンが大きいのはたしかですが、とにかく競争が激しく、社員は自分のことに必死。ふるいにかけられることばかり気にして、余裕がない。自分たちが韓国経済を背負っているとか、世界に貢献しているという意識は薄いようです。

とはいえ、韓国発祥の世界的企業であることには違いありません。サムスンなど韓国を代表する大企業は、アーリー・アダプターからイノベーターへの発想の転換を迫られています。

グローバル社会で成功した代償というわけではありませんが、内需よりも圧倒的に外国との輸出入に依存している分、日本以上に切実な変革期を迎えているといえるでしょう。サムスンの李健熙《イゴンヒ》会長には、「妻と子ども以外はすべて変えろ」という有名な言葉があります。アーリー・アダプターではなく、イノベーターの発想そのものです。韓国の得意としてきた素早い切り替えができるか、それとも失敗するのか。今後の日韓関係にも関わってくることなので、趨勢《すうせい》を注視していくべきでしょう。

韓国の国民生活も年々厳しくなっている

円高やデフレによる停滞が長く続いていた日本に比べて、韓国はドルやユーロ市場におけるウォン安もあってそれなりに順調でした。

一方、経済の構造自体のいびつさが、さらに進んでいます。

まずサムスンをはじめとした財閥企業による寡占状態。GDPの2割をサムスン電子1社が稼ぎ出しています。こんな先進国は、ほかにはなかなか見当たりません。

ごく一部の大企業が売り上げの大半を占めるなか、韓国の企業の90パーセントは中小企業です。雇用の80パーセントはこの中小企業が担っています。べらぼうに稼ぎ出すがあまり雇用を生み出さない少数の大企業と、多くの人たちにとって働く場所になってはいるものの、あまり儲かっていない中小企業、この2つに大きく分かれているのです。

勝てるところに一点投資をするというやり方でうまくやってきた反面、極端な二層構造も引き起こしています。金メダリストの金妍兒《キムヨナ》の成功の裏には、表に出ることはない名もなき女子スケーターが、何人もいるというわけです。その証拠に2番手の名前はほとんど知られていません。浅田真央選手以外にもジュニア世代から続々と世界トップクラスの選手が育っている日本とは、ずいぶん違います。

韓国は法人税の取り方も、あからさまに財閥を優遇しています。競争に勝ち残った者には、多分な見返りを与えるのが、韓国社会です。

1945年の解放から取り組み、朴正熙《パクチョンヒ》体制で芽吹き、金泳三《キムヨンサム》から金大中《キムデジュン》時代に仕上がった市場経済体制の、最高の成功モデルといえるかもしれません。

しかし富める者と貧しい者との格差は、とてつもなく大きなものになってしまいました。

財閥系の大企業と中小企業、正規職と非正規職、その賃金と社会的立場の差は、開く一方です。いま韓国ではソウル大学などトップ校以外の大学では、卒業しても正規職に就ける割合は6割ほどです。猶予期間の延長として大学院進学を選んだり、海外語学留学に出たりしますが、その場しのぎに近い。トップのエリート層がとにかく競争につぐ競争である反面、安い賃金で働かざるをえない下流層は増え続けることになります。

特に宣伝をしているわけでもないのに、ひっきりなしにお客さんが訪ねるようになった経緯を書いた、岡山の田舎のパン屋さんのドキュメント『田舎のパン屋が見つけた「腐る経済」』（渡邉格著／講談社／2013年）という本が、韓国でも翻訳されて、その人気がジワジワと広がっています。

韓国語版のタイトルは『田舎のパン屋さんで資本論を焼く――天然菌とマルクスに求めた生きることの本当の価値と労働の意味』となっていますが、トマ・ピケティ著『21世紀の資本』など、改めて「資本論」や「マルクス」が注目され始めた世界的な潮流とも合致しています。

パン屋さんは、いまの韓国人にとって、政治そのものなのです。街の隅々まで財閥系列のチェーン店が進出しているのですが、「地域のパン屋さんをつぶすな」というのは2012年の大統領選挙で争点になった「経済の民主化」の具体的なイメージでした。パン屋さんは、早ければ40代で会社を追われ、自営せざるをえなくなったときに手っ取り早く開くことができるお店です。誰にでもイメージが湧きやすく、「次は自分かもしれない」とリアルに連想できます。財閥オーナーの娘さん、「お姫さま」がトップになって、趣味感覚で手を出しているチェーン店に生活がつぶされてなるものかという切実な思いを、韓国の庶民は、みんな持っています。

朴政権になって一定の規制がかかるようになり、大手のショッピングセンターは自主規制というかたちで、月2回の休日を設けるようになりました。ですが、これで街の商店街にお客さんが増えたわけではありません。根本的な対策をとるのではなく、目に付きやすいところで小手先だけの対策を講じておくというわけです。

格差が深刻になっていくのに、有効な手立ては何もとられず、問題が先送りにされていく。これは日本社会とほぼ同じようなメカニズムが作動している状態だといえます。

韓国では優秀な人の1番手はサムスン、2番手はマッキンゼーなどの外資や公務員、「その他大勢」は生涯、不安定で低賃金の労働者という、階層の分化が定着しています。しかも、結婚できるかどうか、子どもを持てるかどうかにも関わってくるため、階層差が世襲される傾向が出てきています。仮にサムスンなど上のほうの企業に就職できても、競争が激しく、実績を残せなかったら、40代で辞めざるをえなくなることも珍しくありません。

韓国社会が日本と共有する問題は、格差社会のほかにもうひとつ、少子高齢化です。国民の平均年齢は2015年には40代に突入するといわれています。少子化も進んでいるので、さらに年齢は上がっていくでしょう。少子化のペースは日本以上に速く、そもそもストックがほとんどないため、深刻度は韓国のほうがはるかに大きい。近い将来に大胆に制度改革をしないと、国が立ち行かなくなります。

いま高齢者の生活費のうち公的年金で支えられている比率は、平均すると日本だと4割ぐらいですが、韓国は1割にすぎません。公的なセーフティネットが、先進国のなかではきわめて弱い。働き盛りの50代は、早々と会社を追われ自分も第2の人生を始めつつ、子どもの進学や親の老後に対する支援などで、いちばん負担が重い年代です。しかも、数もいちばん多い。それでも今はなんとかもちこたえている。

ところが10年、15年経って、彼らが支えられる側になったとき、韓国の社会保障はどうなるのか。社会は健全なまま保たれるのか。アナリストでなくても悲観的な予測しか出てこないでしょう。

セーフティネットをきちんとしようとすると、増税するしか手はありません。しかし政権の支持率や国民の財布に直結しているので、どの大統領も決断したがらない。ギリギリまで先送りを続けるのか、それともどこかの時点で痛みを覚悟して取り組むのか、韓国社会全体が重大な岐路に立たされています。消費増税延長の議論とそっくりです。

男子の場合、徴兵制も社会格差と関わっています。

韓国は成人男子に、20ヵ月ほどの兵役を課しています。20代の大切な時期に大学のキャンパスから離れ、「上意下達」という軍隊文化にドップリ浸かると、何かをゼロから生み出そうという、いまいちばん大切なスピリットが育ちにくくなります。

しかも、軍隊内でのいじめが、近年とても大きな問題になっています。2014年6月には、韓国北東部の軍事境界線近くで、除隊間近だった22歳の兵士が銃を乱射して、同僚を殺害する事件が起きました。同僚によるいじめに対する報復心によるものといわれています。また、同じように徴兵されて、入隊が早かった上官に訓練中に殴り殺されるという例も報告されています。職業軍人になるわけではなく（だとしても問題ですが）、民間に戻っていくのですから、親としてはそんなところに、できれば自分の息子を入れたくありません。

良心的兵役拒否制度は存在しません。宗教的理由で入隊を拒むと、必ず収監されることになります。韓国社会で入隊拒否は、とても大きなスティグマ（社会的な負のレッテル）になります。就職や結婚の際、著しく不利です。

一方、公然の秘密で不都合な真実なのですが、公務員や財閥企業の幹部の子息は、兵役が免除される比率が異常に高くなっています。通常入隊検査で3パーセントほどの男子が、身体的理由などで「不合格」となるのですが、上流階級の子息だと20パーセントにはね上がるといわれています。そのため韓国内では「有銭免除・無銭服務（金持ちは兵役免除、貧乏人は徴兵される）」と皮肉られています。

そこはもう親がなりふりかまわず陰に陽に、影響力を行使しているというわけです。それがまかり通るというのが、韓国の実態でもあります。

こんな状況だと一般市民は、法のもとで平等に扱われているという感覚がとてもではないが持てないのも無理がありません。格差社会における不公平感と、エリート層や法への不信感が、日本より強くなるのは、当然の帰結です。

この格差不満が、今後どうなっていくか。

密接に関わってくるのが、北朝鮮です。

南北統一後に起こりうる新たな国内格差

韓国にとって冷戦期は北朝鮮が軍事的脅威でしたが、今ではアンビバレントな存在として認識されています。

かつてのようにはっきりとした敵でもなく、かといって友好協力一辺倒というわけにもいかず、分断の歴史と統一に向けた非常に複雑な思いが入り交じっています。

第2次世界大戦中の1943年に開かれたカイロ会談において、日本の植民地支配からの解放が取り決められました。1945年のヤルタ会談で、アメリカとソ連の間で、朝鮮半島は当面の間、連合国の信託統治に置かれることになりました。

日本が1945年8月にポツダム宣言を無条件受諾して敗戦すると、朝鮮は解放されます。その瞬間は、あちこちで「マンセー(万歳)」が叫ばれましたが、その後は紆余曲折を経ます。

民族主義者、共産主義者、社会主義者が入り乱れ、実にさまざまな国家構想が示されましたが、ひとつにまとまりません。自力で勝ちとったというより、突然やってきた解放「後」に向けて充分に準備できていませんでした。なによりアメリカとソ連は朝鮮人による自主的な政府樹立の動きを承認せず、北緯38度線以南にアメリカ軍が、それより北にソ連軍が進駐し、占領しました。結局、1948年に、分断したままで大韓民国と朝鮮民主主義人民共和国という2つの国家がそれぞれ建てられました。分断体制は朝鮮戦争で決定的になり、60年以上が経ちました。

韓国と北朝鮮は、本来ひとつの民族なのに、国際情勢の流れのなかで引き裂かれた哀しい記憶を分かち持っています。

38度線を隔てて、いまも多くの肉親が離れて暮らしています。いわゆる「離散家族」です。政治的、感情的な部分では複雑な溝はありますが、「半島はひとつ」だという韓民族の「恨《ハン》」は、韓国と北朝鮮ともに揺るぎないものだと思います。

「恨」とは、恨みつらみではなく、本来あるべき姿と実際にある姿の落差からくる複雑な感情を意味します。本来、解放と同時に単一の国家として独立するはずだったのに、米ソによる信託統治を受け、分断されてしまったのは、惜しくて悔しいのです。

とはいえ、実際にその「恨」を解こうとすると、いろんな問題に直面します。スローガンにとどまっている限りは「統一するべきだ」と誰でも簡単に同意できますが、いざ具体的に詰めるとなると、一人ひとりリアルに計算するようになります。いまと比べ、生活がどうなるか、特に若い世代にとっては切実です。

3代にもわたって世襲するような北朝鮮の政治体制がずっともちこたえられるとは考えられません。何らかのかたちで体制の変革が迫られ、そう遠くないうちに、南北の統一が政治日程に上がる可能性は充分にあるでしょう。

そのとき、どんなことが起きるのか、あらかじめ頭の体操をしてみましょう。一筋縄ではいかないということが、よくわかります。

まず言語です。例えば「オジンオ」という単語は韓国では「イカ」なのに、北朝鮮では「タコ」を意味します。「ナクチ」は韓国では「タコ」で北朝鮮では「イカ」というようにまるっきり逆です。2000年と2007年に2回、南北首脳会談が行われましたが、もちろん通訳は必要ありません。ですが、60年以上もまったく別の体制で生きていると、単語レベルでは使い方が違うものが増えてきています。言葉は文化の根幹ですし、人と人をつないだり切り離したりしますので、どうやって統合していくのか、重要な課題です。

次に政治的な統合です。韓国の総人口はおよそ5000万人で、北朝鮮の2倍です。自由民主主義と世襲の独裁と体制は正反対ですが、南北統一は南側が北を吸収するというかたちでしかありえず、事実上「統一韓国」となります。統一韓国でいまと同じように選挙をすると、有権者の数が2対1ですので、元北側地域の利害はなかなか反映されません。ずっと勝つ地域と、ずっと負ける地域が固定化されると、国情はひどく不安定になります。ならば、2院制にして、上院はアメリカのように地域（州）の大小にかかわらず対等に代表されるように、憲法を変えるのか。国の仕組みを、根本から見直す必要が出てきます。

2万人ほどの「脱北者」でさえ、うまく社会に統合しているとは決していえません。それよりも3桁も大きい異質な「他者」たちと一気に共生しないといけなくなったとき、同じ民族、同じ国民として、衝突や差別がなく、やっていけるでしょうか。

そして経済です。韓国のウォンと北朝鮮のウォンをどういう比率で統合するのでしょうか。東ドイツと西ドイツの統一時も、この問題でだいぶモメました。当時経済の実勢では東と西の通貨価値は1対3くらいの開きがあったのですが、あえて1対1で統合しました。当然西ドイツ側には不満がありました。自分の資産価値がある日突然、3分の1に目減りします、と言われて、はいそうですか、と納得できないのは当然。韓国と北朝鮮の場合、3倍どころか、20倍以上の差があります。さすがに等価で統合ということはないでしょうが、プライドと実利に密接しているので、どうやっても必ず強い不満が生まれます。

また文化的にも経済的にも「後れた」旧北側地域を、どうやって引き上げるのか、そのためのコストを「進んだ」旧南側地域は負担するのか。3倍の差だったドイツでさえ、東西統一から25年経ったいまも、旧東側地域の生産力は旧西側地域に及びませんし、失業率も高くなっています。

韓国はドイツの事例を徹底的に研究していますが、状況ははるかに深刻です。

朝鮮半島の植民地支配からの、「盗人のように（突然）やってきた」解放では歓喜に沸きましたが、わずか3年後には分断国家になってしまいました。南北統一こそは、自らイニシアチブを発揮して成し遂げたいというのが、韓国の本心でしょう。

そのためには、新しい国づくりに向けて、今から綿密に準備をしておくことが求められます。

「統一韓国」に備えよ

統一にはさらに大きな壁が、立ちはだかります。

現在、中国にとって北朝鮮の最大の価値は、アメリカとの間で緩衝地帯になっていることです。それが統一韓国ということになると、国境ラインまで在韓米軍が迫ってくることを意味します。

後に詳述しますが、中国はいま、あの手この手で韓国の抱きこみをはかっています。

中国の毛沢東は朝鮮戦争では息子を戦場に送り、戦死も厭《いと》わないほど北朝鮮を支援し、中朝は血で固められた同盟だったのですが、北朝鮮の核開発にはほとほと手を焼いていますし、何より韓国主導での南北統一が視野に入ると、南北それぞれとの距離感が変わってきます。習近平国家主席は金正恩《キムジョンウン》より先に朴槿恵《パククネ》に会いました。これは朝鮮半島と中国の関係において、初めてのことでした。

韓国と北朝鮮がひとつになるには、アメリカと中国の合意が絶対に必要なのです。南北統一を実現させるには今後、韓国はきわめて高度な外交上の駆け引きと交渉を、米中の狭間で展開していかなくてはなりません。

困難は多いのですが、それでも南北統一は韓国にとって、実利があります。

北朝鮮は食糧事情が悪く、平均寿命が韓国より10歳ほど低い60代です。平均年齢はおそらく30代になったばかりで、40歳を超えた韓国よりだいぶ若い。北朝鮮を抱えこむことは、少子高齢化が急速に進んでいる韓国にとって、国全体が一気に若返るチャンスでもあるのです。

国民の平均年齢の若さは、経済成長に直結します。例えばインドネシアは国民の平均年齢がまだ20代後半で、2億5000万人もの人口規模です。若年層ほど購買意欲が高く、旺盛な内需にも支えられて、近年の経済成長には目覚ましいものがあります。

韓国は北朝鮮と一緒になれば、それだけで少子高齢化問題を緩和することができます。これは日本にないオプションでしょう。

もちろん厄介な問題も一緒に抱えるわけですが、南北統一は肥沃なフロンティアを生み出し、東アジアでの影響力を高める、最大の博打といえます。まさに朴大統領が強調するように「統一は大勝負《テバク》」なのです。

韓国はそれでなくても日本より積極的にベトナムやフィリピンなどアジア方面から移民を受け入れてきました。ある意味、北朝鮮を受け入れるシミュレーションのひとつだったともいえます。

また、韓国は移民政策を進めるなかで近年、軍隊の方針も少し変わってきました。以前は入隊者に「民族に忠誠を誓う」とさせていたのが、いまは「国民に忠誠を誓う」と宣誓させるようにしています。これは興味深い変化です。

最近は移民、例えばベトナム人女性と韓国人男性との間に生まれたダブルの青年が軍隊に入るケースも増えてきました。そういう青年に「韓民族」への忠誠を強いるというのは、どうも据わりが悪い。彼らのような外国にもルーツがある人たちを、「民族」ではなく「国民」という枠組みで包摂しようと試みています。そのほうが韓国という国をひとつの偉大なものとして治めていく上で、理にかなっているからです。ちなみに、韓国語の「ハン」には、「韓」だけでなく、「ひとつの」「偉大な」という意味もあります。

いずれ北朝鮮を受け入れざるをえない、将来への布石のひとつでもあると考えられます。グローバル化の面から見ても日本より先んじている変化でしょう。

切り替えが早く、対応力の高い韓国が、いかにして北朝鮮との統一を実現させていくのか。

そのプロジェクトには、日本も積極的に関わっていく必要があります。

北朝鮮との関係は目下、拉致問題の解決が差しせまった課題です。しかし中長期的には南北統一に向けて、日本としてはどう臨むのか、しっかりとビジョンを持っておく必要があります。そうでなければアメリカと中国だけが関与して、日本は蚊帳の外におかれることになってしまうでしょう。すでにそういった兆しがあるので、早い段階で対処すべきです。

今の韓国だけでなく、「統一韓国」という視点を先取りしてみてはどうでしょうか。

第6章　チップをはるところが違う日韓の「ゲーム」

アメリカとの同盟が日韓関係を左右する

ブッシュ政権時代に、ホワイトハウスの国家安全保障会議（NSC）アジア部長と、北朝鮮の核・ミサイル問題に関する6ヵ国協議のアメリカ次席代表を歴任した、ジョージタウン大学のヴィクター・チャ教授という人がいます。彼は日韓間の認識ギャップに注目し、その齟齬《そご》が生じてきた構図を、独自に分析しました。

まず日韓両国にとってアメリカとの同盟関係は、外交安保の要《かなめ》ですが、「日米韓」のトライアングルで見た場合、「日韓」という一辺はせいぜい「擬似同盟」であるにすぎないと位置づけています。

同盟までいかなくても、事実上の同盟になるためには、軍事情報包括保護協定（GSOMIA）や物品役務相互提供協定（ACSA）の締結が欠かせず、その必要性は2013年の末、南スーダンで国連平和維持活動（PKO）の一環として陸上自衛隊が韓国軍に弾薬を提供した件でも傍証されています。

しかし事実上の同盟を結ぶことは、そう簡単ではないようです。

李明博《イミョンバク》前大統領は2011年12月の日韓首脳会談で、日本側に慰安婦問題を問いただした一方、GSOMIAの締結を推進しました。しかしその後与党セヌリ党の大統領候補だった朴槿恵《パククネ》氏が大統領選挙の前ということもあって、世論に呼応して反対し、調印直前に破綻したという経緯があります。中国の反対を考慮したともいわれています。

こうした一筋縄ではいかない日米韓の関係について、チャ教授は「アメリカによる安保コミットメント、つまり〝いざというときに守ってくれる〟ということに対する日韓間の認識が、日韓関係における協力と対立のダイナミズムを規定している」と理論的に想定しています。これは、的確な分析だと思います。

日韓は現在、北朝鮮の脅威を共有しています。アメリカの存在なくして北朝鮮情勢と真っ向から向き合うことは、難しい状態です。どちらも自国だけでは防衛ができないなか、日韓それぞれで日米同盟や韓米同盟に対する信頼性がともに高いと、日韓関係は協調的になる傾向がある。しかし一方が守ってもらえると思っていても、他方が見捨てられたり余計な紛争に巻き込まれたりすると思っているなど、日韓の間で認識ギャップが生じると、日韓関係は対立してしまうとチャ教授は述べています。

例えば１９６５年の日韓国交正常化から90年代までは、日韓関係は対立していた時期もあれば協調していた時期もありました。日本がベトナム戦争など望まない紛争に「巻き込まれ」ることを懸念したり、韓国がいざ有事の際に「見捨てられ」ることを憂慮した場合など、日韓の間に認識ギャップが生じてくると、日韓関係は対立していたというのです。

チャ教授の議論を２０００年代以降にもそのまま援用すると、史上最悪ともいわれる最近の日韓関係は、アメリカが密接に関わる国際情勢の推移のなかで、この認識ギャップがねじれた結果ではないかと思います。

日本はいざというときにアメリカから「見捨てられ」ることを懸念している一方、韓国は日中対立が引き金になって米中対立へとつながるという負のスパイラルに「巻き込まれ」ることを憂慮しているのです。

オバマ大統領が自ら「尖閣諸島は米国の対日防衛義務を定めた日米安保条約第５条の適用対象である」との公式見解を明言しました。しかしシリアやウクライナで弱腰だったアメリカが、中国との全面的な衝突にエスカレートするかもしれない、日中間での軍事的小競り合いに駆けつけるという確証を、私たちは本当に持てるでしょうか。

アメリカの国内世論は内向きですし、何より中国に対する認識は日本ほど対立的ではありません。中国が望む「新型大国関係」をそのまま認めることはないでしょうが、「平和で、繁栄した、安定した中国の台頭を歓迎する」ともオバマ大統領がはっきりと述べています。

日本が「見捨てられる」ことは絶対にない、とは私には考えられません。もしそうなってしまうと、日米同盟だけでなく、米国が世界各地に構築してきた同盟システムのすべてが崩れます。

日米同盟が期待どおりに機能したとして、そのとき韓国はどういう選択をするでしょうか。

普通に考えれば、日米同盟と米韓同盟は連動して「日米韓」として中国に立ち向かうはずなのですが、韓国は米中の間で「股裂き」になり、どっちつかずの態度をとるかもしれない。そうなると、「日米韓」というトライアングルは崩れ、米韓同盟にも深刻な亀裂が生じます。そうした万一のシナリオについても、日本はちゃんと準備を整えておくべきです。

韓国は「新型大国関係」を望んでいる

国際的な構造変化に対する日韓の認識ギャップは、チャ教授が指摘したアメリカのコミットメントだけでなく、いまは中国の台頭と勢力転移に対しても顕著です。

日本は、アメリカと中国の対立は半ば必至であると認識しています。しかし韓国は米中が「新型大国関係」を築くことは可能だろうし、望ましいとみなしているのではないでしょうか。

たしかに世界の勢力転移には、これまで常に覇権戦争が伴っていました。しかし昨今、ご存じのように世界の「ゲーム」において、中国のプレイヤーとしての存在感は、飛躍的に大きくなりました。かつて米ソで勢力図が描かれた世界の「ゲーム」は、遠くないうちにアメリカと中国が「ルール」をプランするという、新しいステージに突入するでしょう。

この「ゲーム」の始まりについて画期的なのは、覇権戦争を経ていないということです。

欧米列強がリードしていた世界秩序に、急成長した中国が入ってきて、無血のまま「ゲーム」の主要プレイヤーの座を勝ち取りました。戦争なき新旧覇権の両立／交代という新しい秩序形成が、成功しつつあるのです。これはまさしく歴史的「新型」の大国といえます。

こうした解釈で中国とつきあっていこうというのが、韓国のスタンスです。

アメリカと並び立つ、これからの国際社会の2大プレイヤー、「G2」とみなし、関係を築いていこうとしています。かつて中国と戦争して負け、「世界第2位の経済大国」の座を奪われた日本とは、かなり解釈が違っています。

加えて日韓の間では、中国との関係において、安保上の懸念の質が決定的に異なっています。日本にとって「現に有効に支配している」（外務省ウェブサイト「日本の領土をめぐる情勢」）尖閣諸島や沖ノ鳥島に対して、中国は漁船や公船による侵入を繰り返しています。これはリアルな挑発だといえます。中韓間にも蘇岩礁／離於島をめぐる対立はありますが、そもそも海面下の暗礁なのでどちらも領有権の主張はできませんし、日中間の対立とは次元がまったく異なります。

日中韓の3国が唯一合意していたはずの空の境界も、中国が防空識別圏（ADIZ）を一方的に設定したことで、暗雲が立ちこめました。さらに韓国も追随しADIZを広げてしまった結果、尖閣諸島だけでなく蘇岩礁／離於島の上空でも、日中韓のADIZが競合することになりました。スクランブル（緊急出動）の回数が増え、偶発的に衝突してしまうリスクが高まっています。

このように日韓間には、中国の台頭や勢力転移に対する認識ギャップがあり、また安保上の懸念の程度に明確な差があるため、政策的対応にも違いが生じています。それがまた日韓関係に齟齬をきたしている原因のひとつにもなっています。

たとえ歴史問題が解消されたとしても、こうした認識ギャップは今後、日韓関係の通奏低音になり続けるでしょう。歴史問題は日韓対立の本当の原因ではないかもしれないのです。よく見極めなければいけません。

自律的外交の余地が狭まってきた

日本の外交戦略は依然、日米同盟を強化する方向に進んでいます。集団的自衛権の行使に関する政府の憲法解釈の変更はその一環です。米国からは歓迎されていますが、韓国では複雑な反応です。いざ朝鮮半島で有事が生じた場合、自衛隊を派遣する軍事的合理性は確実にあるのですが、一般国民の間では日本の「軍事化」に対する漠然とした不信感が根深く残っています。

一方、韓国は韓米同盟を強化すると同時に、中国との「戦略的協力パートナーシップ関係」を内実化しようとしています。日本に対する歴史問題での共闘は、その一例です。

盧武鉉《ノムヒョン》元大統領がかつて韓国は「北東アジアのバランサー」であると自称したときは、韓国国内でも保守派から失笑を買いました。韓米関係を基軸にすることが重要、というのが韓国の長年のスタンスでした。事実、その後、支持者は反発しましたが、イラク戦争に韓国軍を派遣したり、韓米ＦＴＡ（自由貿易協定）を結んだりするなど、韓米同盟の強化へと軌道を修正しました。

しかし、先に述べた「ゲーム」の変化によって、いまでは誰が大統領であっても米国と中国の間で「股裂き」「二股」にならざるをえない状態です。だからこそ北朝鮮以上に、外交の駆け引きの巧拙さゆえに米中対立を引き起こしかねない日本を、警戒しているといえます。

一方、アメリカにとって日韓両国は、ともに東アジア戦略における重要な同盟国です。オバマ政権がアジア太平洋へのリバランスを進めるなか、同盟国同士が過去の歴史問題でいつまでも対立を続け、現存するほかのさまざまな課題に連携して対応できなくなっている現在の流れは、静観していられません。だからこそオバマ大統領がアジアを歴訪する前に日米韓サミットを仲介し、なんとか「手打ち」をするように日韓双方に促したのです。これを受けて日韓両政府とも、どのようなかたちならば「手打ち」ができるか、さまざまなレベルで模索を始めました。

日本と韓国は、関係修復の兆しが見られます。2014年11月、韓国政府は竹島で計画していた災害時などに使用する避難施設の建設を中止、入札公告を取り消しました。この施設は、韓国国会の2014年度予算で建設費用が承認されています。計画では11月初めに業者を選定し年末に建設工事を開始、２０１７年までに計１００億ウォン（約11億円）を投じて、２階建ての避難施設を完成させる予定でした。

しかし着工直前、尹炳世《ユンビョンセ》外相が「（安倍政権を）刺激しかねない。日本との外交摩擦を避けるべきだ」との意見を出し、韓国政府の関係閣僚会議により、中止されたのです。

計画は日本の領有権主張への対抗策として進められた経緯もあるため、韓国内で波紋はありましたが、２０１５年の日韓国交正常化50周年に向けた関係改善などを念頭に、判断したと思われます。

ここにきて韓国は、少しずつではありますが対日政策を和らげてきたというか、そうせざるをえなくなってきたのではないかと考えられます。

２０１４年11月、北京でのＡＰＥＣ（アジア太平洋経済協力）首脳会議に出席した安倍首相はついに、中国の習近平国家主席と人民大会堂で会談しました。日中首脳会談は、第２次安倍政権下で初めてのこと。両首脳は日中の「戦略的互恵関係」の推進を確認し、冷え込んだ関係の改善を目指すことで一致しました。

お互い仏頂面ではありますが、安倍首相と習主席が、しっかり握手をかわしたニュース映像を見た方も多いでしょう。日中対立が深まっていたなかで、たいへん画期的な出来事でした。両者のこの時期の会談は正直、韓国にはあまりにも寝耳に水だったと思います。

ですが中国は、アメリカとの微妙なパワーバランスも計算しつつ、アメリカと同盟国である日本に政治的配慮を加える、絶好のタイミングだと考えたのでしょう。

会談の終了後、首相は記者団の質問に答えています。「戦略的互恵関係の原点に立ち戻り、関係を改善させる第一歩になった」と表明。加えて「アジアの国々だけでなく、多くの国々の期待に応えるかたちで、関係改善に向けての第一歩を記すことができた」と強調しました。やや自画自賛に過ぎるとは思いますが、少し前までは不可能だと思われていた日中首脳会談が実現できたのは、大きな転機には違いないでしょう。

日本の首相と中国主席との公式会談は、2011年12月に野田佳彦・胡錦濤両氏が行って以来約3年ぶりでした。今回の会談を契機に、日中両政府は政治、経済、安全保障などあらゆる分野で対話を進められるチャンスが出てきました。

やや気になるとすれば、会談に先んじて交わされた日中の合意文書です。そこには、両政府が沖縄県の尖閣諸島の問題について「異なる見解を有している」が、「対話と協議を通じて、不測の事態の発生を回避する」などとした4項目が含まれています。これは実は、会談そのものよりも重要な文書でした。

例えば靖国に行くか行かないかの部分では、明確な取り決めがされていません。とはいえ「異なる見解」を持っているという複雑な表現を用いることで、いったんその齟齬について白黒をつけることは避けましょう、と暗黙の了解を互いに取りつけたかたちになっています。あれで安倍首相は、とりあえず在任中は靖国参拝を避けるはずです。万一、参拝を強行したら、それこそ大変な事態です。事実上の信義則違反になります。こうなると日本が先に中国を挑発したと国際的にもみなされることになりますから、分が悪い。安倍首相もそれをよしとはしないでしょう。

とりあえず合意文書をもって、決着を玉虫色にすることで、双方の国民向けには、何とかうまくいったと説明できるわけです。

あの文書は、お互いいろいろズレはあるけれど、それについては後々対応していきましょうという、和解とまではいえなくても、日中の緊張関係をいったん和らげる効果はあったと思います。

しかしそれぞれの英語版を見ると、やや感触が違います。日本側は「見解」の相違について「views」という言葉を使っているのに対して、中国側は「opinions」、つまり「主張」の違いだと述べています。主張というと、領有権の主張という文脈になります。「views」は単に、相手が違うことを言っているということは、こちらもわかっている、というシンプルな意味です。しかし「opinions」だと、自分の主張と相手の主張が、それぞれ根拠があり、言うべき資格があって言っているという、「対等に異なる主張をしている」ととらえられかねないニュアンスになります。

どちらの英訳が国際社会で通用していくのか。日本と中国の「ゲーム」展開に非常に関わってくるので、しっかり注視していくべきでしょう。できれば日本側には今後、上手なロビー活動を願いたいところです。

一方、安倍・習会談を受けて、韓国も素早く反応しました。

朴槿恵大統領はミャンマーの首都ネピドーで開かれたASEAN（東南アジア諸国連合）＋3（日中韓）首脳会議で、「日中韓首脳会談が開催できることを希望する」と述べました。

日中韓首脳会談は2012年5月を最後に途絶えています。日中関係の悪化を背景に中国が難色を示していたためですが、2014年9月に、ソウルで開かれた3ヵ国の外務次官級協議で、日中韓首脳会談を再開する必要性を確認しています。そこに日中首脳会談の実現です。

朴大統領は「日韓首脳会談を開くには旧日本軍による慰安婦問題で日本側の譲歩が必要」との立場を頑《かたく》なに崩していませんが、やや分が悪くなってきたといえます。どんなかたちにしろ、日中の歩み寄りが見えてきたとき、東アジアの中で「反日」態度を貫いているのは、韓国だけという見え方になります。国際社会では、かなりのマイナス。「ゲーム」においては、不利なポイントを付与されてしまいます。先にも述べた「位相」が下がる姿勢でもあります。

また日米韓の連携を堅固にしたいアメリカからしても、頑なな態度をとり続けているのが韓国だけという現状は、放っておけない。オバマ大統領は朴大統領に、あらためて何らかの方法で、日韓関係の改善をするよう、釘を刺してきたと思われます。

本意はともかくとして、韓国は日本との対立をいつまでも続けている局面ではなくなってきました。

ひとまず日中韓の3国首脳会談を実現させるよう、調整を始めていると思います。

そうした流れの中で、安倍首相と朴大統領による日韓2ヵ国の首脳会談も、まもなく実現するのではないかと考えています（2015年1月時点の記述）。

日韓とも、もはや対立を放置しておくことはできないのです。

「米国による上限」は、半世紀前も交渉が膠着《こうちゃく》していた日韓に国交正常化を成り立たせたように、現在の対立を抑制する上でも、依然として有効だといえるでしょう。

とはいえ、いまだ日韓間の認識の隔たりは相当なものです。

アメリカの仲裁によって、仮に首脳会談が実現しても、日韓関係の劇的な好転はないかもしれません。

米中対立は半ば必至であると認識する日本が重視する「日米韓」と、アメリカと中国の間で「新型大国関係」は可能で、その間でバランスをとろうとする韓国の「韓米中」。東アジアを舞台にした、思惑がからみあう非常に高度な「ゲーム」が、まさに進行中なのです。

日韓関係は独立した2国間関係というより、米中関係や「日米韓」／「韓米中」の従属変数にすぎないのかもしれません。

構造的な制約のもと、外交政策の自律性がいっそう小さくなっていくなか、安倍首相と朴大統領はそれぞれ国運をかけた戦略的判断を、下していかなければいけなくなっています。

日韓の対立でどこの国が得をしているのか？

少しフレームを引いて考えてみましょう。

2014年7月にBSフジの看板番組「プライムニュース」に出演した私は、現在の日韓問題についてこのようにコメントしました。

「日韓の問題を見る時に、日韓だけで考えてはダメです。一番大きいのは、中韓首脳会談が今月にあって韓国がいったい『日米韓』の側なのか、それとも中国が主張している『新アジア安保観』といわれる新しい秩序の側につくのか、という部分が突きつけられているわけです」

「裏を返すと『日米韓』の中で一番弱い『日韓』の部分が付け込まれている。中国からすると取りこみターゲットとして韓国がふさわしいものになっているということなので、歴史問題が仮に解消したとしても、中国を見る認識の差、米中関係の行方に対する認識の差は日韓の間で歴然とあるので、その部分から来ている対立が大きいのではないか」

「この水面下に隠れていまは見えなくなっているズレが、日韓の対立を持続させている大きな原因と見ています」

コメントの中身を、もう一度ここで考察してみます。

日韓が対立していることで最も得をしているのは、どこでしょうか？

考えるまでもありません。中国です。

中国は、晴れて「ゲーム」の主要プレイヤーになりました。彼らのいまの最大の願いは、アメリカと並んで、太平洋へ進出することです。

中国はあんなに巨大な陸地ですが、制圧している海域がものすごく小さいことが、不満なのです。北京から太平洋を見ると、進出したい先に米軍が駐留する沖縄があったり、尖閣諸島があったりと、いろんな障害物が点在しています。そこはアメリカの第2次大戦後の、「陣取り」戦略の勝ちだったといえるでしょう。

中国からしたら、尖閣諸島を獲れれば、太平洋に自分たちの征《ゆ》く道の風穴がポンと開く。だからあんなに領有権を強く主張しているという事実があります。石油や天然ガスといった資源以上に、狙いは東シナ海を内海にして、外洋に出ること。

とにかく中国は、海へ進出したい。「西太平洋」を、自分のものにしたいのです。それを的確に阻んでいるのが、尖閣諸島であり、沖縄に駐留している米軍であり、日韓の安保協力、つまりアメリカ側「陣営」です。

習近平国家主席は訪米した際、オバマ大統領に「広い太平洋には両国を受け入れるだけの充分な空間がある」と語りました。外交辞令をとり除くと「西太平洋をよこせ」ということです。もちろんアメリカは、はいそうですね、と易々《やすやす》と呑むはずがありません。習主席の狙いを、うまくかわしました。習主席もそれ以上、現段階で深く踏みこむことは避けました。

ですが中国は、太平洋進出を諦めていません。アメリカとの直談判はできない。ならばプランを進める上で、何が有効か？　あまりにも明らかです。日韓のラインを、断ち切ってしまえばいいのです。

日米韓の連携が防衛線となって、中国は沿岸部に抑え込まれています。しかし日米韓のトライアングルの一辺を切り崩せば、太平洋へ出ていくルートが開きます。そのチャンスを、中国は虎視眈々と狙っているのです。

前にも述べたように、韓国は中国とのパイプを重視する傾向にあります。そのなかで竹島問題や慰安婦問題などで日韓の仲が悪くなる、そのせいで悪くなったように見えるのは、中国にはまさにうってつけのチャンスなのです。

最近になって日韓の仲を裂こうとする、中国のあからさまな意図が見てとれます。日韓の自由貿易協定（ＦＴＡ）交渉が頓挫《とんざ》しているなか、見せつけるように中国は韓国とＦＴＡを実質妥結するなど、経済の結びつきをいっそう強めています。

また、こんなこともありました。２０１４年７月、習近平が訪韓したときのことです。習主席はソウル大学グローバル工学教育センターで講演しました。

「韓国と中国は歴史的に危険な状況が発生するたびに、互いに助けながら克服した」、そして「４００年前、壬辰倭乱（豊臣秀吉による朝鮮出兵）が勃発したとき、両国国民は敵愾《てきがい》心を抱いて一緒に戦場に向かった」と、４００年前の史実も引用しました。

つまり中国と韓国は歴史的に、憎き日本とともに闘った同志であり、「中韓両国には悲惨な抗日戦争を通じて緊密な関係が生まれた」と強調したのです。

そして「20世紀前半に日本軍国主義が中韓両国に対する野蛮な侵略をして、強制占領し、両国とも大きな苦難を経験した」と第2次大戦当時を回顧しました。また「上海にある大韓民国臨時政府の遺跡や尹奉吉《ユンボンギル》義士記念館、西安の光復軍記念碑は、その忘れられない歴史を証明している」とも言及しました。この講演では韓国の聴衆から、大きな拍手が起こりました。

中韓の親密アピールのように見えますが、痛烈な日本批判です。

講演の前日、韓中共同声明と首脳会談後の記者会見では、日本に対する言及はひとつもなかったのとは対照的でした。

集団的自衛権の解釈変更へと突き進んでいた日本を止めるには、中韓の共助が必要であるということを婉曲的に言いたかったのだと思いますが、実際は中国による「韓国取りこみ」でしょう。

「日韓」に楔《くさび》を打ちこむことで、「日米韓」というより「米日韓」の結束をほころばせ、アメリカに対して伍《ご》していきたいというのが、中国の戦略です。

「ゲーム」の視点から見ると、この戦略はかなり有効と思われます。

日米韓のパワーバランスを客観的に見れば、人口・経済力すべて総合的に、韓国がいちばん弱いのは一目瞭然です。そこを攻めるのは当然のプレイでしょう。また韓国側も中国への比重を高めようとしている絶好のタイミングでもあります。

いまのところ日米韓のトライアングルは、かろうじて保たれていますが、日韓の対立状態が長引けば、中国に有利に働く展開になっていくということです。

日韓は近年「あっちが先に仕掛けてきたから、こっちもやり返す」というケンカをしています。アメリカという血のつながっていない育ての親のもとでいがみ合う、幼い兄弟げんかみたいなものです。日米韓一家の仲が悪くなってくれると、そのシマを割いて外に出て行きたい中国としては、本当にありがたい。

アメリカが今後どのような手だてを講じてくるのかも気になりますが、日米韓のトライアングルは、太平洋の覇権をかけた巨大な「ゲーム」のなかで重要な役割を果たしています。

中韓が一緒になって日本叩きしているのがムカつく、という単純なアングルでは、大きな流れを見落とします。

力による一方的な現状変更を阻むためにも、いつまでも韓国とケンカしている場合ではないと気づくべきでしょう。

日本は本来柔軟に対応できる国である

国際社会の「ゲーム」が始まったのは19世紀の半ば頃。長い歴史はありませんが、世界の「ルール」が、いまも今後も「ゲーム」によって定められるようになったのは事実です。いいか悪いかはさておき、「ルール」に則ったプレイで白星をあげた国が、歴史上さまざまな場面で主導権をとってきました。

その「ルール」が誕生するまで、アジアは長く華夷《かい》秩序でかたちづくられていました。ところが19世紀に新たな「ゲーム」の到来により、まったく別の西洋由来の秩序観に、アジアも向き合わざるをえなくなります。いわゆるウェスタン・インパクトです。

西洋列強の衝撃に、アジアの中でいち早く、しかも適切に対応したのは、日本でした。福沢諭吉ら言論人がリードするかたちで、「脱亜入欧」のスタンスを打ちだし、明治維新を成功させ、西洋化の波に乗りました。

その道しかなかったかどうかは、おいておきましょう。ともかく日本は国を営んでいく「ルール」が変わったことにすばやく気づき、価値観をごっそり変え、「ゲーム」に適応する道を選びました。

国家は少なくとも建て前上はすべて平等であるとか、基本的人権の精神などはアジアの秩序には、まったくないものでした。

中国や韓国などアジア諸国は、押しよせる波に乗り遅れましたが、日本は軽々とジャンプした。「ゲーム」の主要プレイヤーであったアメリカやイギリスなどの列強のやり方をうまくコピーした政治や外交を積極的に進めていきました。

そのひとつが日清戦争であり、日露戦争だったわけです。

強い国家であることを示すには、勝てる戦争にだけ力を注ぎ、「使える奴」と認めてもらう。それはまぎれもなく西洋の「ゲーム」であり、日本はその「ルール」を使って進出をはかった、アジア最初の国でした。

いま思えば、必ずしもその「ルール」にそのまま乗っかる必要はなかったですし、アメリカとの悲惨な戦争をすることもなかったのですが、それは別の問題です。

とにかく日本はアジアの中でいちばん「ゲーム」への適応能力、つまり国際社会の流れがつくりあげたフィクションを実行できる、柔軟なスキルを持った国だったのです。

それなのに、日韓の対立については、フィクションを守っていくセンスが著しく鈍ってしまっているように見えます。

慰安婦や徴用工などの歴史問題について、捏造《ねつぞう》だとか遡及法はずるいだとか、感情的な意見が大勢を占めている。たとえそうだとしても、いまの国際社会は人権蹂躙《じゅうりん》を許さない、慰安婦問題は女性の人権に関わる問題であるというのが、すでに共通の「ルール」になっています。すなわち「旧日本軍は戦地でひどいことをした」が「戦後生まれ変わった日本は国際社会の平和と繁栄に貢献している」というフィクションを、他国、とりわけ戦勝国に受け入れてもらわないといけない「ゲーム」に変わっているのです。

そんななかで安倍首相が靖国神社を参拝するのは、どう考えてもマズい。フィクションの実行に長けた日本らしからぬ振る舞いでした。それまでずっとフィクションの仮面をつけて国を運営してきたのですから、今後も仮面をかぶり続けていくのが、筋というもの。いきなり仮面を脱いで、「役割」を演じられずに本音で動き出すと、「ルール」からハズれてしまいます。

「ルール」を破ってでもやるべきことをやる、というのも美しい心情なのかもしれませんが、「ゲーム」のプレイヤーとして失格とみなされてしまい、国益に反するのであれば、クレバーな政治リーダーなら、避けるべきです。

私たちは政治外交のフィクションを受け入れ、これまで日韓をはじめ国際関係を築いてきました。そのフィクションは、維持していかざるをえない。時計を逆戻りさせるわけにはいかないのです。

フィクションの無数の積み重ねで、いまの「ゲーム」の「ルール」が成り立っています。そのルールのなかで、どのように現在と未来をかたちづくっていくのか、考えていくことが重要です。

過去にとことんさかのぼって、それぞれのストーリーを互いに突きつけるのは、「ルール」違反。それによってフィクションが崩れてしまうことを、「ゲーム」のプレイヤーは、最も恐れます。せっかく時間と犠牲を重ねてつくりあげた秩序が、根底から崩されかねないからです。

日本は第1次安倍内閣のときに、重大なフィクション破りを仕掛けています。アメリカの下院で2007年1月、日本政府への慰安婦に対する謝罪要求決議案が提出されました。その動きに対抗すべく「THE FACTS」を提示しました。

「THE FACTS」とは、すぎやまこういち、屋山太郎、櫻井よしこ、花岡信昭、西村幸祐ら5人の論客たちが、アメリカの主要紙『ワシントン・ポスト』(2007年6月14日付)に、「慰安婦強制連行の証拠はない」として出した意見広告のことです。

論旨は以下のとおり。

〈女性を強制連行して慰安婦にしたという文書は発見されていない〉〈悪質な業者に対して現地の官憲は処罰をした〉〈日本軍の関与は良い関与だ〉〈慰安婦たちは当初「強制され

た」とは言っていなかった。それが発言を翻《ひるがえ》したのは反日キャンペーンが理由だ〉〈慰安婦は性奴隷ではなく当時合法だった公娼にすぎず、待遇もよかった〉

「THE FACTS」はこの主張を載せた広告で、アメリカ世論の支持をとりつけ、慰安婦問題で日本側は間違っていないことを証明しようとしたのでしょう。しかし、まったくの逆効果でした。

この意見広告を読んだアメリカの下院議員は、日本の味方をするどころか、逆に不信感を強めたと思われます。慰安婦に対する謝罪要求決議案に賛成する議員の数は増え、結局、満場一致で可決となりました。

同広告は、アメリカ側を説得するどころか、むしろ激しく怒らせてしまったのです。

アメリカは何も、日本による韓国統治、植民地支配を責めているわけではありません。そうすると自分たちもフィリピンやプエルトリコで何をしてきたのか、問われることになりかねません。そうではなく最低限、いまは「戦争犯罪は処罰されるべきだ」「人権蹂躙は許さない」という正義をみんなが共有することが優先される。その代わり帝国主義や植民地支配などそのほかのもろもろは不問にするという、国際的な暗黙の「ルール」が、なんとか成り立っているのが現実です。

それを日本の民間の有識者が、よりによってアメリカの有力紙で、破ってしまった。一緒にフィクションを守るべき同盟国の日本による大きな裏切り、と受けとめられても無理はない。「ゲーム」を仕切ってきたアメリカこそ、激怒して当然でしょう。

慌てた安倍首相は当時のブッシュ大統領に公式に陳謝しました。そのときの映像はいまでも動画サイトに残っています。韓国の論者たちが「安倍も筆舌に尽くしがたい人権問題だったと認めている証拠じゃないか!」と責める、絶好の口実になっています。ある意味、安倍首相が陳謝している姿が国際公約になってしまっているのです。

そもそも、いま頃になって政治家や影響力のある有識者たちが、本音でものを言い始めたのが、問題だと思います。

戦後、日米韓の間でややこしい取り決めを交わしました。たしかに論理的におかしい部分はいっぱいあるのですが、とりあえず「ルール」だから守っていきましょうという立場をとったはずなのに、半世紀を過ぎたぐらいで本音を言いだしたら3者の関係は破綻しますよ、というのが実際の構図でしょう。

前にも述べたように「ルール」は変わっていくものです。しかし日米韓は、まだ同じ陣営という「ゲーム」の状態です。この段階での「ルール」を日本が率先して踏みはずすのは、大きなマイナスを背負うことになります。

本音を態度で示すのは悪いことではないのですが、建て前のほうが重要な場面なら、ぐっとのみ込むのが、成熟した大人の賢明な処世術です。

福沢諭吉がもし生きていたら、政治家や有識者に「本音トークは通じない。独り胸の内に秘めておけ」と、いさめたのではないでしょうか。

「ゲーム」で使う言語を変える時期にきている

日本と韓国は、すでに2国間だけの関係にとどまってはいられません。アメリカや中国が複雑にからむ「ゲーム」のプレイヤーです。望もうと望むまいと、いくつものフィクションがからむ「ルール」のなかで、プレイを続けていくより道はないのです。

おそらく両国が2002年のワールドカップ共催の頃のような、親密な関係に戻ることは、もうないでしょう。過度な期待は失望を大きくさせるだけです。

それはそれで悲観的ではないと思います。

「ゲーム」のプレイヤーという視点に立った場合、日韓は相互関係のなかで不断にかたちづくられていく「ルール」を共有しています。その「ルール」のなかで、お互いに理解できるところは理解し、日韓双方の平和と繁栄をサポートしあう、新しい「ゲーム」のステージに至ったのだと解釈すればいいと思います。

求めるべきは「普通」の関係です。

普《あまね》く、通じる。ベタベタせず、風通しのいい間柄を目指すのが最善だと思います。

いま日韓の間で起こっているさまざまな衝突は、双方の法や道徳では、とても解決できない段階にまでこじれています。国際社会の意向を反映させていかないと、もうどうにもならない。私たちが「ゲーム」をプレイする上で、どちらの理屈のほうが通っているか、「ルール」に沿っているかを、周りに見てもらう必要があります。

「普通」の2国間関係を築くことを目指したい。いまのような「不通」のままでは、「ゲーム」そのものが始まりません。

国際社会のジャッジが正しく下され、両国にとって最善策を見出すきっかけをつくるには、「普通」を整備しておく必要があります。

「普通」の関係というのは、相手を気にしないとか無視するという意味ではありません。齟齬があったとしても、あまねく通じる、理解や対話の可能な関係に国を開いていくこと。外からの、国際社会からどう見られているのかを、あらかじめ意識した上で行動できる、振る舞い方をしていこう、ということです。

いまは日韓とも、コミュニケーションをとれないという意味での「不通」になっています。それは「特殊語」を用いているからでしょう。日韓の間だけでこの半世紀の間、使い続けてきた「原住民」の言語でした。

しかし現在、世界の「ゲーム」は、喩《たと》えるなら「普遍語」のラテン語で交わされ、「ルール」もつくられています。

今後は私たちは「特殊語」だけではなく、「普遍語」を介して、お互いに話し合いをしていくべきなのです。

それが「ゲーム」のなかでは「普通」のプレイヤーです。

言語をチェンジする。それが原住民の言語で陥ってしまった「不通」という現状から抜け出し、未来に向けて拓《ひら》いていくチャンスになるかもしれません。

アメリカにチップをはる日本と「股裂き」状態の韓国

最近「普通」のプレイを繰り出すことで成功したのは、スコットランドです。

イギリスという大国に戦争を仕掛けるのではなく、住民投票を行使することで独立のカードを切るという、「普通」の方法で存在感を示しました。あれはとても賢い。独立が可決されようと否決されようと、住民投票という民主的な方法で決着させるというプレゼンが、ロンドンや国際社会に認められました。結果的には僅差で独立は果たせませんでしたが、さらなる自治権をロンドンに認めさせました。

スコットランドの今回のプレイに危機感を覚えている国は、たくさんあります。

スペイン東部のカタルーニャ、ベルギー北部のフランデレンは独立の気運がくすぶっています。何よりスコットランドの独立運動の影響に敏感なのは中国です。多民族国家で自治区を多く抱える中国で、独立運動が各地で「普通」に行われたら、国家の存続に関わります。1国2制度ということになっている香港や、ゆくゆくは台湾との関係も深刻です。いまの中国なら軍事力で制圧してしまうかもしれませんが、国際社会の「ゲーム」においてはひどく野蛮な行為とみなされ、確実に孤立を招きます。

「普通」でいることが最も有効であることを、はからずも同じ島国の一部である、スコットランドが証明してくれました。沖縄と「本土」の関係はどうでしょうか。

そうでなくても日韓ともに「普通」にならざるをえない、切実な事情もあります。

日本の場合、米中をめぐる「ゲーム」のプレイヤーとしては今後も、アメリカにチップをはるしかありません。ほかにリアルな選択肢はいまのところありません。チップをはるというのはビジネスや文化面で相手の求めるものを提供し、何よりいざ有事の際には、相手のために一緒に戦うということです。時に血を流すことも求められます。

アメリカにはこれまでもチップをはってきたわけですから、基本的には従来のプレイをそのまま続ければいいと思います。

中国とはほぼ完全に利害関係が対立していますし、沖縄県の尖閣諸島に対して軍事的脅威を感じるところまできています。かといって一戦を交えるわけにはいきません。日本は中国とはつかず離れず、高度にバランスをとりながら、うまくつきあっていくしかないでしょう。

アメリカに対しては別。日米同盟はすべての基盤です。チップをどれだけアメリカに賭けても、日本の立場はブレません。感情的に複雑なものは残りますが、ほかに選択肢がないのが実情です。米中の「ゲーム」のなかでの立ち居振る舞いとしては、ある意味、迷いようがない日本が最も楽なポジションだといえます。

一方、韓国はとても複雑です。

あの国の立ち位置ではアメリカと中国、どちらにもチップをはっていかなくてはいけない。アメリカとは軍事同盟を結んではいますが、ビジネスの面で見た場合、今後は中国との関係がますます深まっていくでしょう。

現在、韓国と中国は、さまざまな分野で巨額のビジネスを展開しています。すでに日本とアメリカを合わせた貿易額を上まわっていますし、FTAも結ばれましたので、その傾向がますます強まるのは間違いありません。

また韓国にとっての最大の懸念は北朝鮮です。その最大のサポート国は中国です。民族の悲願である南北統一には中国の関わりが欠かせません。北朝鮮に石油など資源を提供し、金正恩《キムジョンウン》体制を支えているのは中国です。南北統一がなされるとしたら、中国による承認と影響力が欠かせない。そして統一を果たした暁には、中国との間に国境ラインを引かないといけません。アメリカとの同盟はそのときどうなるのでしょうか。

いま中国の機嫌を損ねるわけには、いかないのです。本音はどうであれ、関係を良好に保っておかないと将来的にとても困ったことになるという、韓国の切実な事情がありま す。

朝鮮戦争で韓国は「中共」(中国共産党を揶揄した表現)に、さんざんやられました。全幅の信頼を寄せられるわけがありません。しかしアンビバレントな感情を抱えつつやっていくしかないのです。

本当は日本のようにアメリカにだけチップをはれれば楽なのですが、北朝鮮という負のカードの主導権を中国に握られている以上、中国にもチップをはらないといけない。米中の間で「股裂き」「二股」状態になるのはやむをえません。

中国としては、「日米韓」というより「米日韓」が一体となっているオペレーションが続く「ゲーム」は面白いはずがない。「股裂き」状態に付け込んで、あくまでも「対日」ということで共闘を呼びかけたり、ビジネスのつながりを強めたりするなど、韓国に積極的に水を向けています。

「鎖はいちばん弱い輪で切れる（A chain is no stronger than its weakest link.）」という警句があります。日米韓で「いちばん弱い輪」の日韓をターゲットにするのは当然です。

韓国を自陣に引きこんで、日韓というラインを断ち切り、「ゲーム」の主導権をとろうというのが、中国の本音でしょう。もちろん中国はクレバーですので、決してそうは言わないわけです。

もしかしたら成功するかもしれません。嫌韓・反日ブームがこのまま加速していけば、ありえないことではない。

アメリカとしては静観していられませんが、ダイレクトに中国に手を出すことは当然できません。なんとか日韓の間で、動きを封じさせたい。オバマ大統領が日本と韓国に盛んに「手打ち」を求めているのは、そういうことです。

もし日韓のラインが中国によって断ち切られることになったら、先ほども述べたように、これまでつくりあげられたフィクションが根底から覆されることになります。「ゲーム」の行方を見失った日本と韓国は大きな混乱に陥るでしょう。それどころか、米中関係の行方も決定的に変わってきます。

もちろんそんな事態を避けるために、いずれの国も国家戦略を再定義し、対策を講じています。ですが中国の台頭は、あまりにスピードが速く、勢いもあります。明日にも「ゲーム」が予測できないかたちに変わり、「ルール」を先読みできない段階に入るかもしれないことを、しっかり覚えておくべきだと思います。

日本は当面アメリカにチップをはる以外オプションはなく、韓国はアメリカと中国の両方にチップをうまく配分しながら、はっていく。歴史問題以上に、この点で日韓の利害関係が一致しないのですから、親密な関係に戻れないのは当然です。

肝心なのは、日本も韓国もチップをはる側であるということ。決して、胴元にはなれません。

日本は長い間、勘違いしていました。自分たちも胴元のプレイヤーになれたと思いこんでいたのです。バブル景気の経済的な急成長で世界トップクラスのGDPを稼ぎ出した。チップを集めて「ゲーム」を仕切る側に、回れたつもりでいました。

しかし胴元になるには、お金を持っているだけでは無理でした。「ゲーム」のルールを設定し、誰をプレイヤーとして参加させるのかを決めるのが胴元ですが、それを受け入れることで戦後主権を回復し国際社会に復帰した日本には、胴元に上がるチャンスはそもそもありませんでした。残念ながら、その立場は今後も変わらないでしょう。

韓国も同様です。経済的にはそれなりに順調に成長を遂げてきたかもしれませんが、アメリカが主導する「ゲーム」のなかで育った国家であり、北朝鮮との統一問題を常に抱えています。いつまた通貨危機に陥るかもしれないという脆弱性もあります。

日本も韓国も、昔からの胴元であるアメリカと新たに胴元になろうとしている中国の間で、それぞれの国益に沿って独自にチップをはっていく戦略しか、とれなくなっていきます。これはもう仕方ないことでしょう。

しかしチップをはる側が、知恵を絞れば「ゲーム」を有利に進められることを、忘れてはいけません。

スコットランドは、まさにチップのはり方で勝ちをおさめたプレイヤーだといえます。「普通」の方法を駆使すれば、「ゲーム」のウィナーにもなれる。少なくとも負けはしない。それが現在の国際社会の「ルール」なので、うまく使っていくべきでしょう。

日本も韓国もこれまでは、チップをはるだけで許されてきた、ある意味、気楽な立場でした。

今後も胴元にはなれないでしょうが、もう少し「ゲーム」の円滑な進行にも責任を持ちたいところです。力で無理強いをしようとするプレイヤーがいたら、ルールをきちんと守るよう、理性と知恵を持って、毅然と導きたい。そうすることで、世界から味方を集め、自分たちも安心して「ゲーム」を続けていくことができます。

日本と韓国は、知恵を一緒になって出し合えば、この地域の将来像をそれなりに変えることができる、重要なプレイング・パートナーであることを、互いに認め合ってはどうでしょうか。

それぞれ適正にチップをはり、ルール遵守にうまく協調できれば、中国の台頭の仕方もきっと変わるはずです。力によって一方的に「ゲーム」そのものを変更しようとするのか、それとも法と合意に基づいてプレイを続けるのか、正念場を迎えています。

フィクションはフィクションで守っていく一方、相手の動きを見ながら、チップの配分をコントロールしていく。それが将来のアジア太平洋の平和を維持できる、最も効果的でペイする「普通」のやり方だと思います。

終章　あまねく、通じること

日韓双方が利用している情報ソースの違い

２０１４年の夏は、とかく日韓関係の見方、それを伝えるメディアのあり方が問われました。

朝日新聞が掲載した吉田証言は虚偽だったとして、記事を30年以上経ってから取り消しました。前代未聞の事態でした。

この虚偽の認定に異論はないのですが、この一件の正否を問うのとは別のフレームから現状を見てみましょう。

吉田証言をめぐる論争は、20年以上続いていました。加害者の国の新聞が常に被害者側に寄り添ってきたのですから、朝日新聞は正直なところ国内で孤立し、メディアとしての信頼性が疑問視されていました。朝日新聞はほかにも虚偽報道や外部執筆者によるコラムの「検閲」などで、各方面から集中攻撃を受けている最中でした。そこにきて吉田証言問題は、決定打となり、大手新聞としての信頼度がガタ落ちした、という流れが見てとれます。

朝日新聞にも反省すべき点は多々あったとは思いますが、戦後長らくリベラルの一翼を担ってきた大手メディアがこのまま衰退して、保守一辺倒となってしまうのは、日本全体にとって望ましい事態ではないでしょう。

「嫌韓」「反日」の流れは、いまのところとどまる様子はありません。

相手国や2国間関係に対する両国国民の認識をかたちづくる上で、メディアの役割、それに伴う責任は甚大です。日韓ともに異論や反論が許容される、多様でバランスのとれたメディア環境を、これからも大切にしていく必要があると思います。

日本の民間団体「言論NPO」と韓国の民間シンクタンク「東アジア研究院」が共同で実施した日韓共同世論調査によると、両国民とも6割強が「国民感情の背景にメディア報道の影響がかなり大きい」と認識しています。相手国への渡航経験がある人の数は、どちらも2割程度にすぎません。8割以上の国民は、相手国に直接の知り合いがいないといいます。相手国や日韓関係についての情報源としては「自国のニュースメディア」が9割超と、圧倒的なプレゼンスとなっています。

一方、「日韓関係の情報源として〝相手国〟のニュースメディアを利用している」という回答では差がありました。日本では5・3パーセントであるのに対し、韓国ではその約3倍の15・3パーセントでした。

日本メディアの韓国語版（共同通信・朝日新聞・NHK）と、韓国メディアの日本語版サイト（聯合ニュース・朝鮮日報・中央日報・東亜日報・ハンギョレ・KBS）を比較すると、後者のほうが量の面では明らかに充実しています。しかし影響力という点では、逆になっているというのは面白い結果です。

この現象は、問題にすべきでしょう。韓国に比べて、日本は相手国の情報を得るのに、自国のメディアを重視する反面、外部の情報に耳を傾ける姿勢が弱いようです。つまり相手のリアルな実像に、あまり興味がないのではないかと思われます。

日本にとって不利な情報を流したという朝日新聞を、「売国」「国賊」として激しく追及する風潮と、通底するものがあるのではないでしょうか。日本人の国際社会を舞台にした情報収集能力や、パブリック・ディプロマシーのあり方について、考えさせられる結果です。

「嫌韓」の震源地となっている、まとめブログの6割以上が韓国系のサービスである（韓国の悪口を書きこむことで、向こうに多大な広告収入が入っている）という、いびつな現実と合わせて、知っておくべきことだと思います。

日韓ともに根本的な認識の次元で齟齬が生じている

先の日韓共同世論調査では、ほかにもメディアの信頼度や、政治とメディアの関係について問いかけています。

「自国メディアが日韓関係に関して客観的で公平な報道をしていない」という回答は、日本では4人に1人、韓国では2人に1人に達しました。また相手国に対して報道の自由が保障されているということを疑っている人は、日韓ともに半数を超えています。

「客観的で公平な報道」や「報道の自由の保障」は日韓両国が共有している大切な価値のはずなのですが、どちらの国も、その点に関しては疑問を抱いているといえます。

「フリーダムハウス」という国際団体による報道の自由に関する国際比較では、日本は一貫して「自由」とみなされてきた反面、韓国は2011年以降4年連続で「一部自由」となっています。韓国のほうが、国家による情報に対する締めつけ、すなわち思想に対する規制が厳しいと判断されているということです。

報道の自由やメディアへの信頼に対する認識がこのように微妙にずれている両国が、深く理解をしあうというのは、やはり少し無理があるといえます。

日韓両国は慰安婦や徴用工をめぐる歴史認識や、竹島といった個別の争点で対立しているというよりも、それぞれ立場が異なれば主張が違うという至極当然のことさえ、「妄言」とされる風潮にあります。

同じ自由民主主義体制や基本的価値を共有しているのかどうか――という根本的な次元にまで疑いを抱かざるをえません。

朝鮮半島研究の大家として知られる小此木政夫・慶應義塾大学名誉教授は、日韓国交正常化40周年の2005年に、1965年以降の日韓関係の変容について、時期区分しながら3つの段階に分けたことがあります。1980年代までは「体制摩擦」していたが、90年代に「体制共有」するようになり、2000年代に入ると「意識共有」へつながった、というのです。

小此木教授による考察のとおり、日韓両国は当初からアメリカとの同盟関係を基軸とする外交・安保体制を共有してきましたが、韓国が民主化し市場経済に転換することで政治・経済体制も共有するようになりました。

その一体感は、サッカーのワールドカップを共催し、韓流・日流ブームで盛り上がった2002年前後がピークだったように思います。

しかし国交正常化50周年を迎えたいま、再び「体制摩擦」「意識離反」、より正確に言えば「体制をめぐる意識の離反」が、目立つようになっています。

先の日韓共同世論調査によると、日韓両国民は互いに相手国の社会・政治体制のあり方を「異質」と認識していることが明らかです。

韓国国民の半数以上が、いまの日本は「軍国主義」であると認識している一方、日本人の4割が韓国は「民族主義」であると認識している。共有しているはずの「両国とも民主主義」という回答は、どちらも2割ほどにすぎません。「自由」にいたってはわずか1割ほどです。こんな状況では、安倍首相の掲げる「積極的平和主義」がひどく疑いをもって受け止められているのも無理がありません。

両国の齟齬《そご》には、TwitterやFacebookなどSNSも大きく関係しています。即時性の高いメディアが浸透した結果、タイムラインを流れる「そのとき、その場」の変化だけが過度に強調される環境で、軽重を問うことなく物事を判断しているような状態です。言うなれば、「微分」にだけ関心が向けられています。

いま重要なのは、その時点における全体像に常に立ち返り、これまでの歴史的な積み重ねといった「積分」と照らし合わせて、「検算」することでしょう。

ひとつの争点に圧倒されているときこそ、それぞれに適度な比重を取り戻さなければいけません。現状はどうなっていて、なぜこうなったのかという「診断」、そのまま放置すると将来どうなるかという「予後」、問題解決に向けて具体的に取り組む「治療」の3つを衡平に、釣り合いよく組み合わせることが、全体像を「みる（観る／診る）」上では欠かせません。

一般的に、韓国メディアは「治療」を重視する「言論」を自負するあまり「診断」が不足している傾向にあります。一方、日本メディアは、実際にはそれ自体ひとつの政治的プレイヤーであるにもかかわらず、単なる「媒体《メディア》」にすぎないと、うそぶく傾向があります。

近年は両国ともに「みかた」の偏向が生じて、誤解の糸が複雑にからまって解《ほど》けなくなり、「嫌韓」「反日」ムードが形成されたと考えられます。

朝日新聞の吉田証言問題も、産経新聞のコラム問題も、日韓関係の「みかた」が問われました。都合のいいように、どちらが日韓それぞれの「味方」で「敵」なのか、と問題を矮小化させてはいけないのです。

日韓関係を考える上では、メディアを通した私たちの「みかた」の力が、試されています。

難関に思える「微分」や「積分」の問題を解くには、数学と同じで、もっと視野を広くとり、時間軸を伸ばすことが大切です。

「反日」は「千年恨」ではなく「変数」

もう少しデータを見てみましょう。

日本の内閣府が毎年行っている「外交に関する世論調査」によると2014年現在、韓国に「親しみを感じない」日本人は66・4パーセントで、「親しみを感じる」の31・5パーセントを大きく上回っていました。

「現在の日本と韓国の関係」については、「良好だと思わない」が77・2パーセント。「良好だと思う」の12・2パーセントの6倍強もありました。

「嫌韓」と「反日」という相互不信に日韓関係が陥っていることを証明するデータですが、こうした世論調査ではマクロな歴史的変化はわかっても、個々人のレベルではその要因は不明のままです。

「外交に関する世論調査」は毎年、韓国だけでなく米国や中国など個別の主要国ごとに、男女別や年代別で集計されています。しかし、対韓観と対中観の相関は、示されていません。日本人は、「嫌韓」であればあるほど「反中」なのかどうか、わからないということです。せっかく税金を投入した調査なのに、単一の対象に対する折れ線グラフしか作成できず、2者間のクロス表すら得られない。残念ながら、外交関係を「診断」し、「治療」

をする上で、あまり役に立つデータとはいえません。

一方、最近韓国で発表された「韓国人の対日感情に及ぼす要因に対する経験的分析」という論文は、外交に関する世論調査がやり方次第では外交政策の立案に戦略的に活用できることを示す好例でした。この研究は、先の日韓共同世論調査を実施している東アジア研究院が、2011年に高麗《コリョ》大学亜細亜問題研究所と共同で実施した世論調査に基づき、韓国人の「反日」感情をもたらしている要因について個々人のレベルで初めて明らかにしたものです。

この論文では「韓国人自身、長年、半ば無批判に、『反日』は何よりも歴史問題に根差し、そう簡単には変わらないと考えてきた」「この研究もそうした側面を完全には否定していない」としています。しかし「その感情も、もっと具体的で日韓両国が現在、ともに直面している政策課題に対する評価によって左右される」という、冷静な分析も示しています。

つまり日本が韓国の役に立つと思われれば、韓国人は「反日」にはならない。日本を軍事的な脅威に感じなければ感じないほど、日韓FTA（自由貿易協定）に賛成すればするほど、さらには「個人／民族／国民」をめぐる開放的なアイデンティティのあり方に賛成の姿勢をとるほど、日本に対して好意的になるというのです。

ほかにも、社会経済的な属性や政党支持も、韓国人の「反日」感情に影響を及ぼしているとしています。男性より女性、高年層より若年層、低学歴層より高学歴層、低所得層より高所得得層、民主党支持よりハンナラ党（現在の与党セヌリ党）支持のほうが、日本に対して好意的なのです。また日本を訪れた経験は統計的には有意ではありませんが、効果は正の向きであることも明らかになっています。

つまり韓国人の「反日」は、イデオロギーによってガチガチにかたちづくられているのではなく、プラグマチック（実用的／実利的）な基準に基づいて選択・決定されているということです。なかでも日韓FTAに対する評価が、すべての要因のなかで最も大きな効果を及ぼしている。要は、自分が儲かるので相手のことが好きになる、というわけです。「反日」は韓国からの一方的な「千年恨」のようにとらえられていますが、「反日」／「親日」の傾向は、「定数」ではなく「変数」なのです。つまり、政策的に働きかけることができるターゲットだというわけです。

日韓関係は、政府首脳だけでかたちづくられるものではありません。広く国民だけでなく国際社会からも「心と精神を勝ちとる」ことが重要です。日本と韓国がさまざまなかたちでビジネスすることは、「買い手良し、売り手良し、世間良し」「日本良し、韓国良し、国際社会良し」の「三方良し」になると認識するべきです。

対立感情が深まってしまったなかで、いかに新たな関係を築くのか。国益をかけて、互いに働きかけをしていく段階にあると思います。

韓国の「用日論」に呼応していく必要性

先に述べたように韓国において日本は、中国に比べてプレゼンスが年々落ちています。今後、韓国にとって日本はどのように意味があり役に立つのかを提示し、納得させていくことが求められます。

具体的には、日韓FTAや日中韓FTAの推進、軍事情報包括保護協定（GSOMIA）や物品役務相互提供協定（ACSA）などの日韓安保協力の強化、さらに集団的自衛権に関する憲法解釈の変更が、韓国の国益にも合致するとアピールすることが挙げられます。お互いの「実利」に訴えていくのが、効果的です。同時に、日本が目指しているのは「軍国主義の復活」ではなく「平和構築」「国際貢献」であると、繰り返し丁寧に説明を重ねる必要があります。

日本もようやく、アメリカや韓国と同じように国家安全保障会議（日本版NSC）を創設しました。これで国家安危に関わる、喫緊の課題への対処や中長期的な戦略策定に国を挙げて取り組むことができるようになりました。外務省は、他国と比較すると格段に少ないスタッフで、ますます拡大・高度化していくグローバル社会の課題に対して、どのように対応すべきか、戦略づくりに追われています。なかでも韓国や北朝鮮を担当する北東アジア課や在韓国大使館は、目が回る忙しさだといいます。

かつては中長期的な外交政策の立案に活用するべく、脂の乗った中堅の研究者を在外公館に2〜3年勤務させる「専門調査員」というスキームがあったのですが、今ではジュニアの研究職に就く前の大学院生が食いつなぐ、派遣事業になってしまっている状態です。これは改善を願いたい。この程度の「ロジ担」（公務員の定数は厳格に管理されているため兵站＝ロジスティック＝を代わりに補充する機能を担当）では、例えば在韓国大使館が独自に実施する「外交に関する世論調査」などの、パブリック・ディプロマシーへの戦略的な対応は望めません。余談ですが私も機会があれば、いつかソウルにある日本の大使館で働きたいと思っています。

国の安全を保障し、戦略的外交を実現させるためには、「ヒト・カネ・スキーム」の態勢整備が欠かせません。いまこそ国家百年の計を立てるチャンスです。

韓国には、日本とビジネスすることが自国にとって得であると気づくほど、日本に対して好意的になるという知見があると述べました。それに呼応するように、2014年から「用日」論が提起されています。

歴史問題や領土問題では原則を貫徹させつつも、外交安保や経済協力の分野では、互いに役に立つ以上、「日本を用いよ」というのです。逆に「韓国を使う」のもアリなのです。

東アジア研究院に並ぶ有力な民間シンクタンクである峨山《アサン》政策研究院が、安倍首相の靖国神社参拝直後に実施した世論調査によると、韓国人の圧倒的多数の86・9パーセントは現在の日韓関係は「悪い」とみなしつつも、「中国の台頭を考慮したとき、日韓安保協力は必要である」と、63・9パーセントが認めています。

日韓首脳会談についても、「しなければならない」がほぼ半数の49・5パーセントで、「しなくてもよい」の40・7パーセントを上回っています。そのためにも「朴大統領が積極的にならなければならない」という判断が57・8パーセントで、「ならなくてもよい」の33・8パーセントを大きく引き離しています。

個々人のレベルでどういう要素が判断に影響を及ぼしているのかは不明ですが、米中や中韓だけでなく日中も首脳会談を行い新しいステージに入っていくなかで、韓国サイドでも「日韓安保協力は必要である」という認識が、強くなっているのはたしかです。

韓国の一般国民は是々非々で日本とビジネスして、肩を組んでいく姿勢があるといえます。

日韓の連携でお互いに得する面は多い

日本の嫌韓ブームについて、実際の状況を見てみます。「韓国に対して良い感情を持っていない」のは、主に50～60代のわりと高年齢世代です。いわゆるネトウヨは若者のイメージがありますが、ヘイトスピーチを繰り広げたりデモに行くような人たちは、よく見るとオジさんが多いように思われます。

新聞や週刊誌の中心になる読者層と、ぴったり重なっています。

どういう理由かはわからないのですが、団塊の世代かそれよりちょっと下ぐらいの、それも男性が、嫌韓・反中に熱を上げているようです。

それはお隣の韓国も、同じと思われます。韓国は前にも述べましたが、国民の平均年齢が40代に入りました。国会議員の平均年齢はその少し上で、ちょうど幼い頃から反日教育を受けてきた世代です。日本に対して良くない感情があるのは当然ですし、そのまま外交戦略にバイアスがかかる原因にもなっています。

ところが、若い世代を見ると状況は違います。

韓国では1990年代ぐらいから、留学などで海外に出る若者が増えました。20代・30代は、ナショナリストというより、グローバリストといってよい。しかも韓国は周知のとおり、大変な競争社会です。大学受験はもとより、ビジネスでは狭い自国内ではなく、他国のライバルと争っていかないといけない。「一身二生《いっしんにしょう》」どころか、人生のなかで何度も新しい環境への適応を、若い世代は強いられています。競争がなかった世代のオジさんたちと感覚が根本から違うのは当たり前。日本を敵視するより、視線ははるか遠くに向いていて、そんなちっぽけなことで勝った負けたと一喜一憂している暇はとてもないというのが、本当のところでしょう。

私が見たところ韓国では若く、学歴の高い、これから社会の中核をなしていくだろう人たちは、日本に好意的でも敵対的でもありません。もっとドライで、クールです。彼らとは今後淡々と仕事し、競い合っていけることでしょう。

日本も、まったく同じことがいえます。若く、リテラシーがあり、生活環境に恵まれている人は、フェアな目で韓国を見ています。

オジさんたちはいずれ世論の中心からフェードアウトしていくでしょうから、いまの若い世代に入れ替わったら、日韓関係は質的に異なるものになると思います。

もっと言うなら「お互い、別に好きでも嫌いでもない」という認識が広がっていくのではないでしょうか。でも仕事は一緒にするのが当たり前という、ビジネスライクな関係です。

下火になったとはいえK－POPのアーティストはいまでも日本では一定の人気がありますし、街には当たり前に韓国料理店があって、そこそこ繁盛しています。

韓国人も、普通に誰もがユニクロの服を着ていますし、日本のマンガを読み、アサヒやキリンなどのビールや、一風堂のラーメンを楽しむようになっています。地上波の番組では日本のドラマは実はまだ解禁されていませんが、韓国家庭のほとんどが加入しているケーブルテレビでは、まったく問題なく月9ドラマなどが放送されているので、事実上はOKだといえます。

ソフトの面においては、日韓ともほぼ完全に「普通」の状態になっています。

韓国側が、いまも反日教育をしているというのはウソです。日本軍による強制連行があったとか、拷問をしていたなどと表記された歴史の教科書で、韓国人は洗脳されていると日本のウヨクは思いこんでいますが、あれは韓国人の主観的には愛国教育なのです。むしろ国を愛する気持ちを堂々と教えるという、彼らにとっての理想の教育が韓国でこそ実現していると言ったら、皮肉がきつすぎるでしょうか。

「反日思想」を植えつける利点が、いまの韓国の教育界にはまったくない。日本が韓国についてあまりページを割いていないのと同じく、日本をことさら敵視させようという教育で育った若い世代は、いません。それよりも「世界に目を向けよ」なのです。

若年層を見る限り、日韓ともタブーはなくなりました。むしろ懸念されるのは韓国の若い世代の日本離れです。

彼らにしてみたら、日本は別に嫌いではないけれど、「いいソフトを供給してくれる国のひとつ」という認識です。よくも悪くも日本が嫉妬や憧れの対象になった世代とは認識が違います。

まず大学で見ると、ひと世代前までは日本語学科が花形でした。日本語をマスターすれば、高い収入と地位が得られるという、エリートの常識がありました。しかしいまは圧倒的に英語「と」中国語（「か」ではないことに注意！）です。日本語をすすんで学ぶ学生は、激減しました。それどころか日本語学科が、どんどん統廃合されているのが実情です。

韓国のエリートは、かつて海外での仕事の行き先としてまず東京を選んでいました。けれど最近はほとんどが北京やジャカルタを選ぶようになり、東京は2番手、3番手に落ちています。この流れは、2000年代に入ってから顕著です。

私が知っている例は、朝鮮日報の昇進スタイルの変化です。同新聞では東京支局勤めを経た人が、これまでは国際部長になっていたのですが、いまは北京支局勤めのほうがランクが高いと聞きました。韓国の主要紙の人事ランクのなかでも、日本の扱いは軽くなっているということです。外交省も、日本課長をやるより中国課長を務めたほうが、アジア局長に昇進するには有利だそうです。

日本としては韓国内の「反日」ブームより、「日本は特に重要ではない」という流れが定着するのを、阻止したいところです。

グローバル社会において、島国の日本がこれだけ距離の近い隣国に「軽んじられている」というのは、見過ごせない問題です。これからの「ゲーム」の進行上、日韓ともに、いろいろと不利になります。

まず日本としては、つきあっていくとお互いに得することが、まだまだ多いということを、アピールしていくこと。特にビジネスです。

グローバル対応はできたけれど、経済のリソースが少ない韓国と、グローバル対応で後手には回ったけれど、まだ充分なリソースがストックされている日本とは、手を組める部分は多いと思います。

韓国にとって日本への貿易依存度はいま全体の9パーセントくらいにすぎませんが、昔はアメリカと合わせると80パーセントもありました。日本は韓国にとって、頼りになる貿易相手だったのです。

その頃にはとうてい戻れないにしても、大きなストックがあるのは事実。助け合いながらともに経済成長を果たしてきたレガシーを、いま一度利用しない手はないでしょう。

例えば韓国で、日本の小説の出版ビジネスなどは狙い目です。

村上春樹は、新刊が出るとすぐに翻訳されますし、過去作は出尽くした感じがあります。ハルキのように、すでに出来上がっている人ではなく、これから伸びそうな人に目をつけて、いち早く版権をおさえるというやり方もあります。当たれば大化けします。塩野七生さんの『ローマ人の物語』を韓国で翻訳・出版している版元がありますが、どこよりも早く見出したこの1作だけで、莫大な利益を得ています。『ハリー・ポッター』の翻訳を最初に手がけた静山社のようなものです。

韓国でまだ知られていない日本のベストセラー作家は多数います。日本と韓国は文化的にもライフスタイルの上でも近いので、きちんと市場リサーチしていけば、リスクを最低限に抑えて先行者利益を得るビジネスが可能でしょう。最近は逆に、韓国の小説も翻訳され、少しずつ受け入れられつつあるようですが、やっぱり、それだけ近いということを物語っています。

製造業では、日本が韓国に下請け・発注する関係が続いていました。しかし現在は状況が変わりつつあります。サムスンのＧａｌａｘｙの内部パーツの大部分は日本の工場でつくっていますし、自動車部品は昨年ぐらいから、韓国からの輸入が、輸出を上回ったというデータが報告されています。

完成品がどのメーカーから出ていても、基幹部品をガッチリとおさえておけばいいともいえます。むしろそこが代替可能なコモディティになっているとヤバいわけで、ものづくりニッポンとか、そんなプライドにいつまでもしがみついているのはなんともイタイ。使う／使われるの関係が、さまざまな分野でそのつど入れ替わっています。

韓国の勝ちが必ずしも日本の負けというわけではありません。逆もまた然りです。ともに仕事をすることで、お互いに得するというドライでビジネスライクな関係だと割り切ってつきあっていく、そんな新しい時代を迎えていると考えましょう。

いま日韓は険悪な仲かもしれません。しかし、地理的に近く、親交の深かった過去を共有しています。リスクを最小限に抑えて、リソースを分け合い、ともに増やし、国際競争の「ゲーム」を渡り合っていける、最適なパートナーです。

もっと言葉を尽くして、説明をしていく必要があります。

例えば日本の集団的自衛権について、韓国では日本の集団的自衛権の行使は、すなわち軍国主義の復活という認識で固まってしまっていますが、これは大いに誤解があるし、日本側の説明は、全然足りていません。

まず当面の課題として、北朝鮮が現在のような体制を維持しているうちは、朝鮮半島有事の危険性は常にあります。万一、南と北で軍事的な衝突が生じた場合、これまでは韓国軍から「要請」があっても、自衛隊は応援出動ができませんでした。韓国は有事の際は、援軍の「許可」という表現をすると思いますが、実態は「要請」「助けてください」です。もちろん在韓米軍と在日米軍は一体として動く。しかし集団的自衛権の行使が認められないと、自衛隊は何もできないのです。

日米韓の安保連携がとれないまま、朝鮮半島有事が現実化したときに、共同オペレーションが有機的に機能しないといちばん困るのはどの国でしょうか。

集団的自衛権は、日本が軍国主義に戻る、いつか来た道ではありません。日本もいざというときは韓国と「ともに戦う」ための、新たな時代に即した「ルール」なのです。

もしもの有事の際、韓国の得になり、韓国そのものを守ることにつながります。

そういった事実の理解が乏しいし、説明が不足しています。情緒の壁が立ちはだかるので、乗り越えるのはやや骨が折れるかもしれませんが、相互理解に努める価値のある案件です。

今後は、我々が手を組めば、お互いに得することが多いということを、日本は韓国に積極的にアナウンスしていくべきだと思います。

「あまねく」「つうじる」——不通から「普通」へ

朝鮮半島ウォッチャーの大先輩に「クパクサ」がいます。

産経新聞の黒田勝弘記者のことで、黒田のクと博士のパクサで、博士のように韓国のことなら何でも知っている、と現地の人にそう呼ばれて親しまれています。

1980年代の全斗煥《チョンドファン》政権の頃からずっとソウル在住で、そのキャリアは30年を超えます。私なんか、2000年に初めて韓国に留学して、博士号もとりましたが、まだまだ足元にも及びません。

韓国でもテレビに引っ張りだこで、渋い声の韓国語で日本の立場を堂々とプレゼンする姿は、いつ拝見しても、頭が下がる思いでいっぱいになります。

韓国からすると「極右」産経の憎い敵のはずなのですが、それでもというか、だからこそというか、耳を傾けざるをえない存在なのです。

というのも、週末ごとに各地に渓流釣りに出かけたり、その土地の名産を好んで味わったりと、裏も表も、理知的な部分も情緒的な部分も、韓国を知り尽くしているからです。しかも、その根底には愛がある。厳しい指摘はその裏返しなのだ、と韓国の人たちも内心気づいているわけです。クパクサにとっての韓国、韓国人にとってのクパクサは、どちらも愛憎が入り交じった存在なんだと思います。
要するに、敵ながらアッパレということです。

そのクパクサからすると、最近の日本の「嫌韓」は、韓国のダメなところとダブって映るようです。

韓国の「反日」は日本の一部しか見ていない。全体像なんてまったく気にかけてない。そのなかで、妄想だけがドンドン膨らんでいっている状況です。

「集団的自衛権は軍国主義の復活だ」「過去を反省していないなによりの証拠だ」「自衛隊がすぐにでも竹島を奪い返しにやってくる」……。

象のしっぽだけを触って、「コレは馬に違いない」と思い込んでしまっているようなものです。

自分から少し動いて、あちこち見まわし、足や鼻などほかのところも触ってみると、最初の印象が違うのではないか、と気づいたかもしれません。

いろんな見方をして相手の等身大の姿をとらえようとすることが大切です。

2014年10月、在日コリアンに対するヘイトスピーチを繰り広げている人種差別団体の「在特会」の会長（当時）が書いた本が、アマゾンの売り上げランキングで1位になったことがあります。ついにここまできたのか、と暗澹《あんたん》たる気持ちになりました。

日本人は在日コリアンによって剝奪されている。税金や主権、魂まで奪われている……というのですが、在日コリアンの生存を脅かし、人としての尊厳を奪っているのはいったいどちらの側なのか。言うまでもありません。

しかし、彼らには、主観的には、逆に映っているわけです。

同じ頃、韓国でいちばん大きいリアル書店の教保文庫では、ベスト20位のなかに日本の作品が4つもランクインしていました。

1位は村上春樹の短編集『女のいない男たち』で、日本語版が出るとすぐに翻訳され、むさぼるように読まれているのはこれまでの作品とまったく同じです。3位はマンガ『ONE PIECE』で、このシリーズも大人気。東野圭吾の小説も2冊、入りました。「反日」本なんて、1冊もありません。

このときだけが例外ではなく、日本を論じた本なんて、ちっとも出ない。売れない。出るのは中国ばかりで、本棚のスペースはドンドン片隅に追いやられているくらいです。

ちなみに、教保文庫が光化門《クァンファムン》にお店を出したのは1981年です。ちょうど黒田記者が韓国で取材を始めた頃です。当時は「こんな広い売り場は必要ない。いまの韓国にはムダだ」と笑われたそうです。

それでも、創業者の愼鏞虎《シンヨンホ》氏には「人が本をつくり、本が人をつくる」という信念があったので、初志を貫いたのだそうです。それから30年以上が経ったいま、世界でも有数のリアル書店に育ち、この間、まさに「本が人をつく」ってきました。

黒田記者は、こう述べています。

「日本の『嫌韓』は、相手の等身大の姿をとらえようとはじめからしていない。それは、日本がこれまで批判してきた韓国の『反日』とまったく同じである。相手の悪いところに似る『日本の韓国化』は残念でならない」

耳の痛い指摘ですが、たしかな示唆があると思います。

現在、日本と韓国はアメリカや中国との巨大なパワーバランスのなかで難しい立ち居振る舞いを求められる、微妙なポジションにいます。そのなかで賭けるチップは違えど、同じ盤上の「ゲーム」のなかで共闘していく必要に迫られた関係です。

ある意味、合わせ鏡のような間柄です。

現在の「不通」のままの状態では、未来は閉ざされてしまいます。それを「普《あまね》く通じる」、「普通」の関係に拓《ひら》いていくことが大切ではないでしょうか。

先の知見やさまざまなデータが導くように、日韓が互いに接近できる下地は整っています。むしろ問題なのは、一般国民というより朴槿恵《パククネ》大統領でしょう。

朴氏は損得というソロバン勘定ではなく、原理原則どおりなのかどうか、自分の信念にかなっているかどうかという基準で、政策を判断する傾向が強い。そのため日本だけでなく、自国民との間でも、「国益」計算の食い違いが現れつつあります。その食い違いが大きくなると、内政だけでなく、国内では評価の高かった外交や北朝鮮政策においても「不通」、国民の意思を汲めていないという批判を強めることになってしまうでしょう。

韓国国民は、個別の政策だけでなく、政権に対する評価においてもプラグマチックなジャッジを下しています。そうなると朴大統領も、いまのような対日強硬路線をとり続けるのは厳しくなる。ある意味、いちばん頭でっかちな大統領も、きっと自国民からの政権評価というソロバンをはじかざるをえなくなります。

いまはまだ日本と韓国は、関西弁でいう〝ボチボチ〟の関係です。でもこれからビジネスをすると得します、お互いに儲かりまっせ、というスタンスで臨むこと。

そして日韓をとりまく「ゲーム」を、しっかり俯瞰《ふかん》的に見渡すことが求められます。

日本と韓国は似た者同士のプレイヤー

日韓ワールドカップが行われた2002年当時、2国共催が話題になりました。セレモニーも試合もすべて均等に国をまたいで行われる、スポーツ外交史的にも画期的な大会でした。しかし2国共催を話題にしていたのは、どうやら当人たちだけのようです。当時のニュース番組などで、アメリカやヨーロッパの一般の人たちは、こんなことを言っていました。

「日本と韓国って、同じ国じゃないの？」

「距離も近いし顔もそっくり。違いがわからない」

世界の目から見たら、そんなものです。日本と韓国は、だいたい一緒の国とみなされています。おそらく日韓ワールドカップが「2国」での共催だったという事実を覚えている人は、日韓以外にはそれほどいないでしょう。

同じ近隣国でも例えばイギリスとフランス、ロシアと中国、ブラジルとアルゼンチンでは、こういう認識にはなりません。イデオロギーも利害関係もはっきり違う別の国家だと、当然のように世界中で知られています。いかなる事情があろうともイギリスとフランスがワールドカップを共催するという選択肢は、まずとれないでしょう。

ワールドカップに関しては、もともと日本の単独開催だったのに、韓国側の強引なロビーによって共催になったのはたしかですが、ワールドワイドなスポーツイベントをともに行うことができたというのは、日本と韓国は相当に密接で、歴史も価値観も共有できた、世界でも例がないほど協力的な関係だった証拠ともいえます。

両国は、アジアを舞台にした「ゲーム」の中では長年、強固な友軍プレイヤーであり、世界の認識のなかでは「かなり相似した」近代の歴史と利害関係、戦術を有するプレイヤー同士でいられたということです。

第2次大戦を契機に、アメリカによってかたや原子爆弾を投下され、かたや38度線で民族が分断されました。アメリカから巨大な負の歴史を背負わされる一方、アメリカの戦略のなかで復興を遂げていかざるをえなかった歴史も、共有しています。そしていまともに先進国としてアジアにポジションを築きましたが、中国という存在にどう向き合っていくべきか、難しい局面に立たされています。

プレイヤーとして決定的に違う部分は多くありますが、日本と韓国は急変していく「ゲーム」のなかで、発生するトラブルや歪《ゆが》み、直面する課題を、まるごと共有している間柄なのです。変わると困る「ルール」が、だいたい同じだったという言い方もできるのではないかと思います。

歴史認識や領土紛争などお互いの間で解いていかねばならない対立も多いですが、高齢化社会の到来や移民の受け入れの是非など、国の根幹に関わる重要な課題を、いくつも共有しています。

とにかくいけ好かない、嫌いなものは嫌いだと、「似た者同士」でシャットアウトしている場合ではないのです。

多面的に通じ合い、有用な情報を交換しあう、オープンアクセスが可能な関係でなくてはいけません。

日本にとって韓国、また韓国にとって日本は、これからの「ゲーム」を最大限有利に進めていくために、必要な戦術や要素をそれぞれ持っています。

回路を閉じて困るのは、お互い同じなのです。

私は、日本人が韓国人を「大嫌い」と言ったり、またその逆が普通に受け入れられている空気感に、何らかの甘えがあるような気がします。「あいつならどんなに嫌いだと言ってもOK」「そう口にしても周りから許される」という、妙な安心感とでもいうのでしょうか。

繰り返しますが、それは仲の悪い兄弟と同じ。

口では悪く言っていても、実は心の底では気が合っている。というか断ち切りたくても断ち切れない、腐れ縁みたいなものでつながっている、兄弟に近い関係ではないかと思います。

アメリカや中国が、アジアの「ゲーム」をさらに難しくしていく前に、兄弟同士で手をとりあって、先に手を打っていくのが賢明なプレイだと考えます。

お互いに相手の等身大の姿を知らない

日本の「嫌韓」派と、韓国の「反日」派がダメなのは、互いの等身大の姿を、よく知らないことです。

どちらもメディアが偏向して伝える、両国の一面的な部分しか見ようとしていない。日本における「嫌韓」の隆盛や、韓国での「集団的自衛権=軍国主義の復活」といった短絡的なとらえ方が、その表れでしょう。

当たり前のことなのですが、日本も韓国も、ほとんどの人は互いの国を24時間ずっと憎んでいたり、嫌っていたりしていません。

「嫌韓」派からすれば、韓国人は朝から晩まで竹島問題について考えているイメージがあるのでしょうが、そんなわけがない。韓国のそこらへんのオバさんに「あの島はどっちの国の領土?」と聞くと、「韓国領です」と即答するでしょうけれど、その口で普通に、日本酒を美味しく飲んだりします。日本だって同じ。マッコリを飲みながら「竹島は日本のものよね」と笑って話すでしょう。ナショナリズムとは別の次元の現実です。

心情的にはいい印象がないかもしれないけど、食文化とか美容とか若者カルチャーでは、親和的なつながりを持っています。

国家ではなく、人としての「等身大」の部分では、長らく、うまくやってきた間柄だったことを忘れているのではないでしょうか。

それが近年の「嫌韓」「反日」ムードにより、変わってしまいました。ネガティブに切り取られた断片が、お互いの全体像であるという思いこみが広がっています。とても貧しく、知性の感じられない解釈です。

その先鋒となっているのは日本のネトウヨ、韓国のイルベでしょう。

２０１４年の秋、作家の竹田恒泰さんが、新聞広告として掲載された日本航空の写真をＴｗｉｔｔｅｒで批判しました。肘を張り、お腹の前で手を組んで頭を下げるキャビンアテンダントのお辞儀が韓国式の〝コンス〟だというのです。日本の航空会社の職員なのにコンスはおかしいと。『コンス』は、日本人に相応しくない。韓国式が蔓延していることを憂慮します」と述べ、ネトウヨの間でもてはやされていました。

よくそんなところを竹田さんは見つけたものだなぁ……と、妙に感心しました。たとえそれが韓国式だったとして、何が問題だったのでしょう。多くの日本人、とりわけ知識層には意味のよくわからない発言ではあったのですが、ネトウヨは竹田さんの発言を受けて「ここにも韓国が入ってきている」「あそこにも！」と、日本の日常に入ってきている韓国風の様式を、躍起になって挙げ連ねました。

日本の魂が侵食されている、だから韓国は危険。汚い韓国、卑怯な韓国……という意見が、ネットの世界で広がっていきました。

広告のお辞儀写真のような重箱の隅をつついて、韓国全体の悪いイメージにつなげる。この強引さは、「反日」派のイルベと共通しています。

イルベとは韓国のネット掲示板サイトのことです。「韓国の2ちゃんねる」とよばれるDcinsideでの人気の記事や、書き込みを集めるまとめサイトとして出発しました。もともとはユーモアサイトだったのですが、近年のナショナリズムの台頭に呼応するように、いまは韓国の20～30代の若い保守系の論者が集まるサイトになっています。

イルベは集団的自衛権や歴史認識問題で、日本の分の悪い事例だけにフォーカスして、日本を激しく口撃しています。ネトウヨと、まったく同じ構図です。

信じがたいほど的外れな行動をとるところも似ています。

イルベは最近、オンラインからオフラインへ、つまり路上でも集団で活動を始めています。例えばこんなことがありました。

セウォル号事故が起きた際、被害者の家族たちが子どもたちに「早く帰ってきてほしい」との思いをこめて、ソウル中心街の広場でテントを張り、待ち続けました。なかには韓国政府への抗議の意味をこめて、ハンストを行っていた人もいます。そこにイルベの若者たちがやってきて、ピザのデリバリーを頼み、家族たちにわざと見せつけるように食べ出しました。

韓国はあの当時、被害者とその家族の痛みに共感して、国全体が沈鬱な空気に包まれていました。各種イベントが中止になったり物流が控えられたりと、経済活動も一時停滞するほどでした。そうした国の経済的損失に不満をぶちまけたのがイルベのパフォーマンスだったのです。

彼らは韓国内で激しい批判を受けました。他人事ではありません。国を愛するという美名のもと、在日コリアンに対するヘイトスピーチを繰り広げるなど、人種差別的な行動で他人を侵害する、わが国のネトウヨと似通ったものを感じないでしょうか。

ネトウヨやイルベほど極端でないにしろ、「嫌韓」と「反日」にはともに、互いのフレームを歪曲化させ、ひとつの印象の悪い事例を全体像にすりかえる傾向があるように思います。

こちらは向こうより真実を知っている、向こうよりも優れているという、いびつな優越感でつながろうとしている。ひいては国民性というフレーミングを用いて、日本は韓国より素晴らしい、韓国は日本より善い国だという、思想固めに必死になっているように見受けられます。

実は国民性なんていうものは、ないと考えています。むしろ日韓とも、階層の差が顕著です。知的に開かれ、経済的にも恵まれたクラスタの高い人たちは、まったく「嫌韓」「反日」ではありません。そちらはそちらでうまく通じ合って、ビジネスなど交流を盛んにしています。一方、「嫌韓」「反日」の人たちは、互いの国を行き来しようなどとは考えません。傾向として学歴や年収が低く、乱暴な言い方かもしれませんが、リソースに恵まれていない人が多いです。

一般に、社会的な階層の高い人ほど、異質なものに対してオープンな姿勢であり、階層の低い人は異質なものを嫌い、排他的になるというのは、全世界的な傾向です。国境ではなく属性の違いが人々の間で分断線になりつつあります。歴然たる階層社会を、国民性の議論が巧妙に隠しているという、厳しい現実を直視する勇気が必要だと思います。

しかし逆に言えば、属性の近い人となら、わりと簡単につながれるということです。ネトウヨとイルベはある意味、最も血の濃い兄弟かもしれません。お互い、やっていることが同じであるなら、「類友」にはなれるかもしれません。

日本と韓国、いま同時に起こっていることをまとめましょう。

都合の良いエビデンスだけを流用して、相手の国を十把《じっぱ》ひとからげに攻撃する。あら探しをして、そのイメージで韓国の、あるいは日本の全体を決めつける。

同じような問題を抱えているのに、自分のことは振り返らない。求めに応じるハードルをひたすら高く設定する一方、脅威的な存在として警戒する。国境ではなく属性の違いが、お互いの認識を分断していることに気づかない。これらは、すべてそのまま、もう一人の自分の姿ではないでしょうか。まさに「韓国化する日本、日本化する韓国」は「映し鏡」だといえます。

まじめなことをゆかいに

韓国化する日本、日本化する韓国がこのまま進行すれば近親憎悪が増すばかりですが、その流れに歯止めをかけるのは「相手を知る」という主体的な行為です。一を聞いて十を知ったつもりになってはいけない。私たちは相手の全体を、できるだけ正確につかむために、タッチポイントを増やしていくべきではないかと思います。どんなに視野が広くても、全体を見渡すのはとても難しい。けれど、いっぱい触ることはできるはずです。

多くのタッチポイントで、「隣人」の全体像を学びとっていきましょう。相手を知らずして実体をとらえたつもりでいると、必ず衰退を招きます。

日本と韓国の軋轢《あつれき》は、世界史のなかで衰退したギリシャ人の例にも重なるようです。

かつてギリシャ人はヘレネスと名乗り、それ以外の異民族をバルバロイと見下《みくだ》していました。バルバロイとは、具体的にはバルカン半島東部（ギリシャの北東）のトラキア地方に住むトラキア人やペルシャ人を指しており、彼らの言葉が「バルバルバル」と聞こえたことが元とされています。ギリシャ人にとってバルバロイは、「聞きづらい言葉を話す者」または「わけのわからない言葉を話す者」であり、ギリシャ語を話さない野蛮な未開民族という、侮蔑的な意味が込められるようになりました。そして英語の「barbarian（野蛮人）」の語源となったのです。

しかし時が経ち、英語を見てみると、「It's Greek to me.（それは私にはギリシャ語だ）」という慣用句は、「ちんぷんかんぷんで何を言っているかわからない」という意味になっています。

かつて「言葉がわからない」相手を野蛮人とバカにしたギリシャ人が、いまでは「わからない言葉」を話す代名詞となってしまっているのは、皮肉としかいいようがありません。

その歴史は、東アジアの2国間で繰り返されています。日本にとってのバルバロイは韓国であり、韓国にとってのバルバロイが日本です。

お互いを指さし、バカにして笑っている相似の関係です。

いまはそれでいいのかもしれませんが、きっと両国とも後世、世界の笑いものになっているると思います。すでに、そうなりつつあるかもしれません。

意味がわからない言葉を話す相手をバカにするのは、愚かな行為です。知恵と教養の足りなさを露呈しているといえます。

相互の言語を理解し、うまく通じ合っていくには、ちょっとしたユーモアが役立ちます。

以前、私は韓国の学会に招かれ、各大学のパネリストの集まる場で、研究発表しました。そこで質疑応答の際、韓国の方からストレートに「独島はどの国の領土だと思いますか?」と訊かれました。学会のようなパブリックな場で、日本人の研究者にそのような質問を投げかけるのはとても不躾で、ルール違反なのですが……ここは器量が問われる場面でした。

私は冷静に切り返しました。

「ドクトヌン　ハングクタン」

つまり独島は韓国のものだと。聴衆は、ワーッ！　と沸きました。

そして5秒ぐらい様子をうかがい、こう韓国語で続けました。

「タケシマヌン　イルボンタン（竹島は日本領）」

すると聴衆は一瞬だけ固まって、ドッと笑いが起き、拍手が鳴りました。

我ながら、会心の切り返しでした。

独島は韓国の「ルール」では韓国のもので、竹島は日本の「ルール」では日本のものです。お互いに積み上げてきた歴史とエビデンスがまるで違うので、おそらく決着はつきません。あの島はどちらのものでもあり、どちらのものでもないという歴史が、この先も続くだろうという、日韓のアンビバレントな現実を言い表した、絶妙なユーモアだったと思います。

厳しい現実を、ユーモアに変えて、共感を分かち合う。

問題の解決にはならないかもしれませんが、これぞまさに「あまねく」「通じる」、視野を広くとったアプローチではないでしょうか。


重ねて言いますが、日本が韓国と同じ世界観を共有することは、そもそもできませんし、親密な関係に戻ることも難しいと思います。

しかし日米韓安保連携をはじめ、強固につながっていた歴史があります。文化は日常レベルで浸透して、ビジネス面ではお互い利用価値がある。

どんなに嫌いでも、引っ越しのできない「お隣」さんです。

ドアの覗き穴から相手を探るようなことをしないで、きちんと姿を見せ合い、いろんなところを手探りしながら、次の「ルール」づくりをしていくステージにいると思います。

大事なのは、正解をひとつに求めないこと。ひとつの視点だけにとらわれると、また行き詰まりを起こします。

目線を変えながら、こっちにもあっちにも自然に通じる、意思疎通のチャンネルをなるべくたくさん見つけることです。

思想家の丸山眞男は、かつてこう言いました。

「私たちはたえず外を向いてキョロキョロして新しいものを外なる世界に求めながら、そういうキョロキョロしている自分自身は一向に変わらない」

この「キョロキョロ」という姿勢が、関係改善の重要なヒントになります。

2点間の関係の外に点を加えて思考の線を増やす

日韓関係の点と点の間で停滞した問題を解いていくには、アメリカや中国などほかの点との間に思考の線を引き直さなければいけません。

日本と韓国という、たったふたつの点のなかだけで話が完結していた時代は、もう終わりました。その2点間の線上だけでは、問題が解けません。であれば、ほかにも点を打って線を増やし、新しい解法を外に求めていくのが得策です。

いま日韓間の齟齬のほとんどは、2点間に線が1本しか引かれていない状態から生じています。それでは「敵対」か「友好」か、極端な答えばかり求められがちになります。現実的には日本と韓国が今後「敵対」することも「友好」することも、難しい。

白か黒か、それ以外の色の思考の線を、互いに引いていく段階にあるのです。アメリカや中国など外に点を打てば、三角形以上の辺となる複数の線が引けます。線が多ければ、それだけ視野は広がり、風通しもよくなる。問題解決には、そっちのほうが望ましいに決まっています。

いま日韓ともに、外交のやり方の根本的なアップデートが求められています。古いOSを、いつまでも使い続けているから、ややこしい不具合が生じるのです。

時代に即した、これまでにない未来を望むなら、直接対話だけでなく、周りとの線を増やしていくこと。

周りを見回し、周りとの入り組んだ構造を整理して、周りの知恵を借りていくことです。

絶えずキョロキョロすることで、国際社会のなかで自分たちがどのように映っているか、相対的にわかってきますし、どこに点を置けば効果的な線が引けるかも見えてきます。囲碁と同じです。
先人は「よそ見」はいけないと説きましたが、まったく逆の時代になりました。

絶えず、キョロキョロと「よそ見」していくのが正解です。

複雑な国際情勢のなかで、日韓関係を成熟させていくには、さらなる高度な情報収集・分析能力が求められます。少数の定点観測だけで全体を論じるのは、もう不可能です。

キョロキョロと「よそ見」して、たくさんの情報を集めながら、日韓間のどのフィクションを守り、どの誤解を解いていくべきか。2点の線上にあった、これまでの接点を場面に応じて更新・補強しつつ、永くつながっていくべきだと思います。

思いきって、私たちのほうから韓国に行ってしまうのも、有効なキョロキョロの方法です。

先ほど述べましたように「嫌韓」を唱えている人のほとんどは、韓国を一度も訪ねてないし、韓国人の知り合いがいないといいます。片道3万円もあれば行ける気軽な場所です。実際に行ってみて、ひとりでもふたりでも韓国人と話し、現地の料理を食べたり街を歩くのは、日本国内で韓国の悪いところをネットでdis《ディス》り続けるより、よほど有益な「よそ見」になります。まず韓国の書店に、「反日」がテーマの本など、ほとんど見当たらないことに驚くと思います。

キョロキョロすることの意義は、日本の昔話にも書かれています。
『やまなしとり』の話です。ご存じの方も多いでしょうが、要約します。

あるところに、母親と3人の兄弟が暮らしていました。母親は病気で臥せってしまい「山梨が食べたい」と言います。長男の太郎が、山へ採りに出かけました。

山奥へ進んでいくと婆様がいて、「この先の三叉路に、笹の葉が生えている。笹の葉が行けと示す道を選べ」と言いました。太郎は三叉路に行き当たり、笹の葉の声を聞きました。しかし笹の葉が「行け」と示した道は、梨のなっている所へは遠回りになりそうなので、近そうに思える「行くな」と言われた道へ入っていきました。長男はその先の沼で、大きな主に呑みこまれてしまいました。

太郎が帰ってこないので、次男の次郎が山梨採りに出かけました。ところが次郎も、婆様の言うことを聞かず、「行くな」と示された道を行き、沼の主に呑《の》まれました。

三男の三郎は、上の兄がふたりとも帰ってこないのは何かあったと思い、山梨採りと兄探しに山へ出かけました。山奥でキョロキョロしていると、婆様と出会いました。

婆様に、長男と次男の行方を尋ねると「わしの言うことを聞かないから帰れなくなった。お前は心して、わしの言う事を聞け」と言い、三郎に一振りの刀を渡しました。

そして三郎は先へ進み、三叉路で婆様の言葉を思い出し、笹の葉が示したとおりの道を入っていきました。しばらくすると兄ふたりと同じように、沼に出ました。沼のほとりには山梨がたっぷりなっていました。

ふと沼を見ると、ぬっと黒い沼の主が現れました。沼の主は三郎も呑みこもうと襲いかかりましたが、三郎は婆様から受けとった刀で、主の頭を貫きさしました。

死んだ主の腹からは、青くなった太郎と次郎が出てきました。

行く道を間違えたふたりは大いに反省して、三兄弟で山梨をたくさんもいで、家に帰りました。

こんなお話です。語られる地域によってやや違う部分はあると思いますが、「外からの意見に耳を貸さず、わが道を行くと危険な目に遭《あ》う」という教訓は、だいたい共通していると思います。

兄弟が3人というのが、とても重要です。

ひとりとかふたりだと、この話はきっと成立しません。

線でつながった3つの点が、危険を伝え、それに対処するという、相関関係をかたちづくっています。多様な意見を採り入れ、みんなで助け合う、大事な教訓を説いている昔話です。

太郎も次郎も、キョロキョロが足りなかったといえます。

道がいくつも分かれていたときは、三郎のようにキョロキョロして、人の意見を聞くなり、情報収集にあたるのが「普通」の対処です。


私がこれまで述べた論は、嫌韓か親韓かのどちらかに立つわが国の論調のなかでは、異質なものかもしれません。

しかし20年、いや10年後には、当たり前の考え方になっているでしょう。

どうして昔は嫌韓・反日ブームなんか起きてたんだ？　と誰もが不思議に思う未来が、すでに訪れているに違いないと考えています。

私たちはいままさに、外交のイノベーションの段階にあるといえます。イノベーションというのは、「未来にある普通のものを作ること」です。

米アップル社などで活躍した若手デザイナー、上杉周作さんはTwitterでこうツイートしていました。


「アップルで働くまで、イノベーションというのは『今にない、新しいものを作ること』だと思ってた。でもそれは違って、イノベーションというのは『未来にある普通のものを作ること』なのです。この違いを理解できるまでかなり時間がかかった」

そのまま日韓関係に置き換えられる言葉だと思います。

「敵対」でも「友好」でもない、未来の「普通」の隣国関係を、私たちは模索していくべきではないでしょうか。

2015年は、第2次大戦終結の70周年であり、日韓国交正常化50周年の節目の年でもあります。

日韓それぞれで意味合いが異なり、さまざまな思惑が行き交うでしょう。けれど、お互いが「あまねく」「通じる」ように、いま一度、日本人も韓国人も互いに考え方をオープンにしていくことが大切です。

キョロキョロは、「普《あまね》く」「通じる」視点を獲得するためのベストな対処法です。点と点の間で主張をぶつけ合うだけでは、互いの間に山積する問題は解決しません。

点をつなぐ線を、できるだけたくさん引きましょう。

多数の線上で意見を交わし、場面ごとに適した対策を講じていく。それが、釣り合いのとれた世界の「ふつう」です。

周りを、キョロキョロし続けること。

そうすれば日本と韓国は「不通」を解き、「ふつう」の隣国として、新しい歴史をともに築いていける何かを見つけることができるのです。

読書案内

序章

●**瀧本哲史『武器としての交渉思考』** 星海社新書／2012年

交渉やディベートは現代を強く生き抜こうとする自由人にとって欠かせない武器。軍事顧問によるブートキャンプ式トレーニングで徹底して鍛えよ。

●**池上彰・佐藤優『新・戦争論――僕らのインテリジェンスの磨き方』** 文春新書／2014年

ニュースを単なるインフォメーションとしてではなく、交渉や生存を左右するインテリジェンスとして読み解くために、現代の知の巨匠2人による対談に倣《なら》え／習え。

●**兼原信克『戦略外交原論』** 日本経済新聞出版社／2011年

「地球儀を俯瞰する」安倍首相のトップ外交。国家安全保障局（日本型NSC）次長として集団的自衛権の解釈変更を実務的にリードしたブレーンによる外交指南書。

●**細谷雄一『国際秩序——18世紀ヨーロッパから21世紀アジアへ』**中公新書／2012年

「均衡」「協調」「共同体」という3つの原理のせめぎ合いで、大国が興亡しただけでなく、秩序のつくられ方自体が変化してきた歴史のダイナミズムを描く。

●**樋口直人『日本型排外主義——在特会・外国人参政権・東アジア地政学』**名古屋大学出版会／2014年

「朝鮮人を殺せ」とヘイトスピーチを繰り返す在特会のような排外主義は世界中で見られるが、日本の特徴は何なのか。適切に対応するために、まず他の例と比較したい。

第1章　韓国人の特性を考える

●**久米郁男『原因を推論する——政治分析方法論のすゝめ』**有斐閣／2013年

物事がいまあるようになったのはなぜなのか、その原因と結果の関係を明らかにする方法を知っておくと、陰謀論や決めつけにダマされずにすむ。

●**小倉紀蔵編『現代韓国を学ぶ』**有斐閣選書／2012年

各分野の専門家が結集したハンドブック。手元に置いて、何か気になることがあるたびにパラパラめくりたい。最初に通しで読むと全体像が見渡せる。

●**岩渕秀樹『韓国のグローバル人材育成力——超競争社会の真実』**講談社現代新書／2013年

教育によって、その先どんな仕事につき、結婚し子どもを持つかが左右されるため、少しでもいい教育の機会を得ようと競争が熾烈化し、前倒しになるのはむしろ当然。

●**佐藤大介『オーディション社会　韓国』** 新潮新書／2012年

進学、就職、結婚、住まい、死という韓国人の一生を順にたどる。芸能人でもないのに、選抜され、ふるいにかけられ続ける社会のありさまがエグイ。

●**内山清行『韓国　葛藤の先進国』** 日本経済新聞出版社／2013年

「産業化」「民主化」に次いで「先進国入り」を目指してきた韓国。とうとう実現させたのに課題山積。いま、先送りにせず、持続可能な社会をつくることができるのか。

第2章　落としどころを見失った判決

●**李範俊（在日コリアン弁護士協会訳）『憲法裁判所——韓国現代史を語る』** 日本加除出版／2012年

慰安婦問題で韓国政府が何もしないのは「違憲」だとした憲法裁判所。政府と司法、政治と法の関係は国や時代によってさまざまだが、韓国司法は違憲判決をバンバン書く。

●**木村草太『憲法の創造力』** NHK出版新書／2013年

自由で公正な社会を「創造」していくためにはまず、互いに相いれないかもしれない価値を有する多様な人々の存在に対する「想像」が基盤になる。

●**朴槿恵（横川まみ訳）『絶望は私を鍛え、希望は私を動かす』**晩聲社／2012年

「約束と信頼」を信念にする現大統領の自叙伝。父も母も暗殺された後、20年近く隠遁生活を続けたが、政界に入り、女性初の大統領になるまでの軌跡を描く。

●**小倉和夫『秘録・日韓1兆円資金』**講談社／2013年

1980年代米ソ新冷戦だった頃、「日本列島は不沈空母」という中曽根康弘元首相の発言は物議をかもしたが、最前線の韓国を防衛するためでもあった。

●**木宮正史『国際政治のなかの韓国現代史』**山川出版社／2012年

北朝鮮との関係を踏まえた通史の決定版。ナショナル・ヒストリー（一国史／国民史）として歴史を描くことが妥当なのかどうか、について考えさせられる。

第3章　竹島問題に有用な視座

●**ロー・ダニエル『竹島密約』**草思社文庫／2013年

竹島領有権紛争について「未解決を以て解決したこととする」という極秘の文書が国交正常化時に交わされたが、1990年代にはその精神も失われたという。

●**池内敏『竹島問題とは何か』**名古屋大学出版会／2012年

自分の立場だけを声高に主張するのではなく、相手側のエビデンス（史資料／論拠）とフェアに見比べる姿勢を見習いたい。「いざ鎌倉」の前に武具・防具・戦友の点検。

●**玄大松『領土ナショナリズムの誕生――「独島／竹島問題」の政治学』**ミネルヴァ書房／2006年

いまでは誰もが「竹島は日本領」「独島は韓国領」とオウム返しするが、かつてはそうでなかった。社会的な意味合いが変わっていくメカニズムを解明。

●**岩下明裕『北方領土・竹島・尖閣、これが解決策』**朝日新書／2013年

3つの星々をつなぎ、領土主権対策企画という「星座」を描く。「昼のお星はめにみえぬ。見えぬけれどもあるんだよ、見えぬものでもあるんだよ。」（金子みすゞ『星とたんぽぽ』）

●**松井芳郎『国際法学者がよむ尖閣問題――紛争解決への展望を拓く』**日本評論社／2014年

「独島イン・ザ・ハーグ」以上に「竹島イン・ザ・ハーグ」が本来切実だし、なにより「尖閣イン・ザ・ハーグ」に備えよ。悪魔の代弁人をスカウトせよ。

●岡本隆司『世界のなかの日清韓関係史――交隣と属国、自主と独立』講談社選書メチエ／2008年

19世紀後半、華夷秩序から近代主権国家システムへ再編されていくなかで進路が分かれた日中韓。21世紀のいま、「未来としての過去」なのか。

●小倉紀蔵『ハイブリッド化する日韓――真横から見る現代』NTT出版／2010年

著者は「韓国は一個の哲学である」とみなし、その独自の世界観を読み解いてきたが、近年、日韓は相似形になったという。「韓国化する日本、日本化する韓国」論の源泉。

●朴裕河『帝国の慰安婦――植民地支配と記憶の闘い』朝日新聞出版／2014年

挺身隊対策問題協議会という事実上の拒否権プレイヤーによって表象＝代表されなかった韓国人慰安婦たちの第3の声を届け、行き詰まった事態を解きほぐせるか。

●木村幹『日韓歴史認識問題とは何か――歴史教科書・「慰安婦」・ポピュリズム』ミネルヴァ書房／2014年

なぜ歴史認識がここまでズレて対立しているのか、その原因を診断する方法を示す。性急に処方箋を求めるより、症状や医者を診る目が大切。

●**東郷和彦『歴史認識を問い直す――靖国、慰安婦、領土問題』**角川oneテーマ21新書／2013年

歴史認識のズレや対立は「日韓」間だけに存在するとは限らない。国内や2国間に閉じがちな視点を広げ、時間軸も伸ばすきっかけにピッタリ。

第5章　韓国は北朝鮮との統一を果たせるか？

●**ケント・カルダー（ライシャワー東アジア研究センター監訳）『ワシントンの中のアジア――グローバル政治都市での攻防』**中央公論新社／2014年

国際メディア情報戦における1番ピンを倒せ。「告げ口外交」に後れをとるな。外信が東京ではなく北京やソウルに特派員を置くなか、逆に「アジアの中のワシントン・ロンドン・パリ」も切実。

●**李慶植（福田恵介訳）『李健熙《イゴンヒ》――サムスンの孤独な帝王』**東洋経済新報社／2011年

ゼロからグローバル企業を生み出したカリスマ・オーナーの姿を描く。すでにコモディティになったスマホは中国企業に猛追され、息子への代替わりも抱える危機。

●**大西裕『先進国・韓国の憂鬱――少子高齢化、経済格差、グローバル化』**中公新書／2014年

同じような政策課題を抱える日韓両国。「嫌韓」でもなく、「親韓」でもなく、クールな

視点で隣国を眺め、自国の姿も照らし合わせる。

●**礒崎敦仁・澤田克己『LIVE講義　北朝鮮入門』**東洋経済新報社／2010年

大学教員とジャーナリストによる異色のコラボレーション。慶應大の教室での息遣いがそのまま伝わってくる。最初の一冊は定評のある教科書を手にとりたい。

●**平岩俊司『北朝鮮は何を考えているのか——金体制の論理を読み解く』**NHK出版／2013年

核やミサイルの開発、拉致問題など一見よくわからない北朝鮮の行動にも、金体制を維持しながら米国から承認されたいという一定の「論理」があり、その読解法を示す。

第6章　チップをはるところが違う日韓の「ゲーム」

●**ヴィクター・D・チャ（船橋洋一監訳・倉田秀也訳）『米日韓　反目を超えた提携』**有斐閣／2003年

日韓関係について、2国間関係としてではなく、米国を入れた「日米韓」、いや「米日韓」として見定め、対決と協調のダイナミズムを分析する。

●**鈴置高史『日本と韓国は「米中代理戦争」を闘う』**日経BP社／2014年

韓国は米国から離れ、中国につき従い、日本を卑しむことで、「中韓vs.米日」という対立軸がいよいよ本格化していると論じる。賛否が割れる見方だが、必読。

●**添谷芳秀『日本の「ミドルパワー」外交——戦後日本の選択と構想』** ちくま新書／2005年

「胴元」にはなれない日本の外交ビジョンを示す。ミドルとは「中堅」であり「狭間にある」ということ。韓国語版は大統領府でしらみつぶしに研究されたという。

●**水村美苗『日本語が亡びるとき——英語の世紀の中で』** 筑摩書房／2008年

英語が「普遍語」になるなかで、「現地語」としての日本語で書くこと、話すこと、なにより相手に届けて、結果を出すこと。それがDeliveryのあるべき姿。

●**井上ひさし『吉里吉里人(上巻・中巻・下巻)』** 新潮文庫／1985年

「フィクション」「擬制」はいかにして成り立つのか、「吉里吉里国」という東北に現れた仮想の独立国から日本国憲法や国際社会のあり方を逆に照らす。

終章　あまねく、通じること

●**小倉和夫・小倉紀蔵編『日韓関係の争点』** 藤原書店／2014年

元駐韓大使やジャーナリスト、研究者などベテランの朝鮮半島ウォッチャーたちが日韓関係50年のこれまでを振り返り、これからを見通している。

●**黒田勝弘『韓国 反日感情の正体』**角川oneテーマ21新書/2013年

「昼は反日、夜は親日」という韓国人の複雑な対日感情を喝破した在韓歴30年を超えるジャーナリストの目には、「嫌韓」は等身大の韓国が理解できていないと映る。

●**丸山眞男『現代政治の思想と行動(新装版)』**未來社/2006年

「キョロキョロ」の出典、戦後日本の責任のとり方を論じた「超国家主義の論理と心理」が収められている。現代の古典はパワーをくれる。

●**クォン・デウォン(蓮池薫訳)『ハル――哲学する犬』**ポプラ社/2006年

●**クォン・デウォン(蓮池薫訳)『ハル〈2〉――哲学する犬からの伝言』**ポプラ社/2007年

韓国の詩集。いちばんのお気に入りの「あなたの本分は何ですか?」は手帳にコピーを入れて毎日持ち歩いている。ハルハル(一日いちにち)を生きる勇気をくれる。

●**サン=テグジュペリ(河野万里子訳)『星の王子さま』**新潮文庫/2006年

異星人同士、王子さまときつねがはじめて仲良くなろうとしたときにとったアプローチが印象的だ。「仲良くなる(apprivoiser)」は韓国語版では「手懐ける」と訳されている。

浅羽祐樹（あさば・ゆうき）

新潟県立大学政策研究センター准教授。北韓大学院大学校（韓国）招聘教授。早稲田大学韓国学研究所招聘研究員。専門は、比較政治学・国際関係論。一九七六年、大阪府生まれ。立命館大学国際関係学部卒業。ソウル大学校社会科学大学政治学科博士課程修了。Ｐｈ.Ｄ（政治学）。九州大学韓国研究センター講師（研究機関研究員）、山口県立大学国際文化学部准教授などを経て現職。著書に『したたかな韓国 朴槿恵時代の戦略を探る』（ＮＨＫ出版新書）、『環日本海国際政治経済論』（ミネルヴァ書房／共編著）、『徹底検証 韓国論の通説・俗説 日韓対立の感情vs.論理』（中公新書ラクレ／共著）などがある。

https://twitter.com/yukiasaba

韓国《かんこく》化《か》する日本《にほん》、日本《にほん》化《か》する韓国《かんこく》

二〇一五年二月一六日　第一刷発行

著者　浅羽祐樹《あさばゆうき》

発行者　鈴木 哲

発行所　株式会社講談社
東京都文京区音羽二丁目一二―二一　郵便番号一一二―八〇〇一
電話　出版部〇三―三九四三―二六一二
　　　販売部〇三―五三九五―三六二二
　　　業務部〇三―五三九五―三六一五

印刷所　慶昌堂印刷株式会社

製本所　株式会社 国宝社

N.D.C.331　253p　19cm

定価はカバーに表示してあります。

ISBN978-4-06-219272-9